Kohlhammer

Der Autor

Jon Frederickson, Master of Social Work (MSW), ist seit über dreißig Jahren Fakultätsmitglied der Washington School of Psychiatry in Washington, DC. Er lehrt Intensive Psychodynamische Kurzzeittherapie (ISTDP) in Nordamerika, Europa, Asien und Australien. Er ist Autor mehrerer Bücher und hält regelmäßig Vorträge und Seminare zu verschiedenen Themen.

Der Übersetzer

Der Übersetzer Dr. Eik Niederlohmann ist als integrativ arbeitender Psychiater und Psychotherapeut an einer psychiatrischen Akutklinik in Leipzig sowie im Rahmen einer psychotherapeutischen Selbstzahler-Praxis tätig. Er ist Dozent, Supervisor und Selbsterfahrungsleiter in der psychotherapeutischen Ausbildung, Gastdozent an der Universität Leipzig und Gründungsmitglied der Integrativen Gesellschaft für ISTDP.

Jon Frederickson

Die Lügen, die wir uns selbst erzählen

Wie man sich der Wahrheit stellt, sich selbst akzeptiert und ein besseres Leben führt

Übersetzt von Eik Niederlohmann

Verlag W. Kohlhammer

Die amerikanische Originalausgabe erschien 2017 bei Seven Leaves Press, 420 Main Street, #700, Kansas City, MO 64111, USA, www.sevenleavespress.com, unter dem Titel
»The Lies We Tell Ourselves. How to Face the Truth, Accept Yourself, and Create a Better Life« von Jon Frederickson

1. Auflage 2023

Gesamtherstellung: W. Kohlhammer GmbH, Stuttgart

Print:
ISBN 978-3-17-040378-9

E-Book-Formate:
pdf: ISBN 978-3-17-040379-6
epub: ISBN 978-3-17-040380-2

Inhalt

Vorwort

Das Leben ist hart, aber seelisches Leiden kann unerträglich sein. Um es erträglich zu machen, können wir uns an einen Therapeuten oder eine Therapeutin wenden. Der Erfahrungsschatz guter Therapierender ist aus eigenen Schicksalsschlägen erwachsen; eine Weisheit, die nur so erworben werden kann. Aber wenn wir diese Person für uns gefunden haben, wie können wir mit ihr zusammenarbeiten, um unser Leiden zu beenden?

Um diese Frage beantworten zu können, müssen wir verstehen, warum wir leiden und wie wir wieder gesund werden können. Wir werden krank, weil wir belogen wurden und uns selbst belügen, um Leid zu vermeiden. Vielleicht war es leichter, die Lüge zu ertragen, dass wir selbst schlecht sind, anstatt zu erkennen, dass uns jemand Unrecht getan hat. Vielleicht haben wir uns selbst in Sicherheit gewiegt mit Worten wie: »Es wird schon alles gut werden«, statt uns unserer scheiternden Ehe zu stellen. Wir werden gesund , indem wir uns zusammen der Wahrheit unseres Innen- und äußeren Lebens stellen. Jeder von uns nutzt Ausflüchte, um die Härten des Lebens abzufedern. Das ist nur menschlich. Also wo liegt das Problem? Wir bemerken nicht, wie wir damit unsere Augen vor der Realität verschließen. Deswegen suchen wir die Hilfe eines Therapeuten: um unseren Problemen wieder ins Gesicht zu sehen.

Dieses Buch bietet Ihnen nicht nur Hilfe dabei an, die Ausflüchte zu erkennen, die letztlich Ihr Leiden verursachen, und wieder frei Ihren eigenen Weg gehen zu können. Es wird Sie auch darin unterstützen, eine wirkungsvolle Therapie zu erkennen. Denn eine Therapie ist nicht einfach eine Unterhaltung, das Durchgehen einer Checkliste oder das Lösen Ihres biographischen Kreuzworträtsels. Eine Therapie ist eine Beziehung zwischen zwei Menschen, die sich zusammen den tiefsten Wahrheiten unseres Lebens stellen, damit wir gesund werden können.

Wir werden die krankmachenden Lügen erkunden, um die heilenden Wahrheiten annehmen zu können. In Zeiten der »Managed Care«, laufen wir Gefahr, die zutiefst menschlichen Aspekte der Therapie aus den Augen zu verlieren. Wer sind wir? Warum leiden wir? Wonach suchen wir? Das Buch versucht, diese Fragen zu beantworten. Nicht mit Definitionen, sondern anhand von Vignetten – kurzen, beispielhaften Dialogen – , die zeigen, wie die mutige Auseinandersetzung mit zuvor Vermiedenem zu echten Veränderungen führt.

In diesen Vignetten wurden alle persönlichen Informationen entfernt oder so abgeändert, dass die Vertraulichkeit der Betroffenen gewährleistet ist. Die Beispiele zeigen die Gegebenheiten, mit denen wir tagtäglich zu kämpfen haben, und die allseits verbreiteten Umwege, mit denen wir versuchen, ihnen aus dem Weg zu gehen. In gewisser Weise erzählen diese Berichte mit fremden Worten unsere eigene Geschichte. Wir alle tun uns schwer mit den Gegebenheiten unseres Lebens.

Viele der Menschen, die hier zu Wort kommen, haben so schreckliche Erfahrungen machen müssen, dass es schwer sein kann, dies zu lesen. Ihre Aufgabe wird es sein, Empathie für *deren* Leid aufzubringen und auf diesem Weg Ihr *eigenes* Leid zu erkennen. Anhand der Geschichten in diesem Buch werden Sie sehen, dass der scheinbar offensichtliche Grund unseres Schmerzes nicht die eigentliche Ursache für unser Leiden ist.

Wir leiden, denn wir versuchen vor dem Leben, dem Tod und deren Erkenntnissen davonzulaufen. Wir werden gesund, wenn wir unser Innenleben, die geliebten Menschen um uns und unser Leben selbst akzeptieren können. Sind alle Geheimnisse Ihres Ichs zu lüften? Nein, aber Sie können diese Tatsache akzeptieren. Dieses Buch zeigt Ihnen, wie Sie Ihr Ich mit all seinen Licht- und Schattenseiten annehmen.

Einleitung

Eine Frau setzte sich mir gegenüber hin, seufzte und sagte: »Ich weiß nicht, wie es mit meiner Ehe weitergehen soll. Mein Mann geht weiter fremd. Wir waren zur Paartherapie, aber die hat nichts gebracht. Er hat ein schlechtes Gewissen, zumindest sagt er das. Aber nach jedem Treueversprechen fängt er mit einer anderen eine neue Affäre an. Ich sollte ihn verlassen. Aber es ist einfacher, verheiratet zu bleiben, als sich scheiden zu lassen.«

»Er verspricht, treu zu sein, lässt sich dann aber mit anderen Frauen ein?« erwiderte ich.

»Ja.«

»Wäre es treffend zu sagen, dass Sie bei dem Mann bleiben, der Versprechungen macht, und versuchen, den Mann zu vergessen, der Affären hat?«

»Aber ich kann es einfach nicht vergessen.«

»Sie können die Tatsachen nicht vergessen, aber es hört sich so an, als ob Sie seine Versprechen geheiratet haben.«

»Das klingt hart.«

»Es ist nicht meine Absicht, hart zu sein. Kann es sein, dass Ihr Mann hart mit Ihnen umgeht? Dass seine Affären Ihrem Wunsch nach Treue widersprochen haben?«

»Ja.«

»Und wenn Sie seinen Worten anstelle seiner Taten glauben, wird der Glaube an seine Worte Ihnen dann schaden?«

»Ich sehe, was Sie meinen.«

»Wenn ich sehe, wie Sie sich selbst schaden, indem Sie ein Verhalten ignorieren, das Sie erkennen müssen, habe ich dann Ihre Erlaubnis, Sie darauf aufmerksam zu machen? Damit wir ihr Leiden beenden können?«

»So gesehen hat es Sinn. Aber wir schlafen nicht mehr gemeinsam.«

»Ich kann nachvollziehen, dass Sie nicht mehr *mit ihm* schlafen. Aber da Sie noch mit ihm zusammen sind,« ich machte eine Pause, »kann es sein, dass Sie mit seinen *Lügen* zusammenleben?«

Ihre Augen füllten sich mit Tränen: »Wie schaffe ich es, ihn zu verlassen?«

»Das brauchen Sie gar nicht mehr. Der treue Ehemann ist schon fort. Möchten Sie, dass ich Ihnen helfe? Nicht mehr darauf zu warten, dass der treue Ehemann zurückkommt?«

Diese Frau hoffte, dass ihr treuer Glaube ihren Ehemann treu machen würde. Aber er tat es nicht. Warum log sie sich selbst an? Warum lügen wir *alle uns* selbst an? Es ist leichter, in unserem Wunschdenken zu leben als in der Realität. Als Therapeut dieser Frau konnte ich in dieser Sitzung nicht herausfinden, warum sie den Lügen ihres Ehemannes Glauben schenkte. Und vielleicht würde ich es auch in der folgenden Sitzung nicht herausfinden, da sich der Sinngehalt erst mit der Zeit erschließt.

Egal wie viel wir über jemanden wissen, er wird immer ein Geheimnis für uns bleiben. Wenn jeder Mensch also ein Geheimnis ist, trifft in einer Psychotherapie ein Geheimnis auf ein anderes Geheimnis.

Warum suchen wir Therapierende auf? Mit der geringer werdenden Bedeutung traditioneller Religionen wenden wir uns zunehmend an Therapeutinnen und Therapeuten, um Hilfe zu bekommen, unser Leiden zu beenden und unserem Leben Sinn zu geben. Eine Therapie ist für viele zu einer säkularen Beichte geworden. Innerlich möchten wir Veränderung und bitten gleichsam andere, sich mit uns gegen die eigene Veränderung zu stellen: Wir bitten sie darum, uns zu bestätigen, uns gesundzumachen oder uns Ratschläge zu geben, wie wir andere verändern können. Therapierende, angetrieben von der Berufung zu heilen, mögen unsere Denkfehler korrigieren, uns zuhören, während wir unsere spontanen Gedanken berichten, oder Erkenntnisse möglich machen. Aber obwohl dies alles essentielle Therapiebestandteile sind, ist keiner für sich allein genommen eine Therapie.

Eine therapeutische Beziehung kann nicht eine reine Methode, eine Technik sein oder etwas, das mit uns gemacht wird. Um zu heilen, müssen wir uns unbequemen Wahrheiten stellen. Wahrheiten, denen wir mit Ausflüchten uns selbst und anderen gegenüber zu entkommen versuchen. Wir brauchen keine Ratschläge. Wir müssen hinter die Trugbilder schauen, um ans Ziel zu gelangen.

Wir müssen nicht repariert werden. Wir mögen davon überzeugt sein, dass wir uns selbst wieder instand setzen müssen. Dabei bauen wir stattdessen oft nur unsere Fantasien wieder auf: zerstörte Illusionen, ein gebrochenes Selbstbild und verzerrte Ideen, welche unser Leiden erzeugen. Nur wenn wir uns von Trugbildern abwenden, können wir die Realität erkennen. So können wir uns selbst akzeptieren und erneut über die Lebendigkeit verfügen, die von unseren Lügen aufgezehrt wurde.

Verständige Therapierende reden nicht nur über unsere Gedanken. Therapie ist kein intellektueller Austausch. Verständige Therapierende sitzen nicht ruhig da, während wir plaudern, nur Höflichkeitsfloskeln austauschen oder alles von uns geben, was uns gerade einfällt. Würden ungefilterte Äußerungen Menschen bessern, hätten Kneipen schon vor langer Zeit die Menschheit geheilt. Verständige Therapierende verlassen sich nicht auf

Selbsterkenntnis allein. Eine Erkenntnis im Kopf lindert nicht den Schmerz in unseren Herzen. Wie aber kann Heilung zustande kommen?

Therapierende laden uns zu einer Selbsterfahrung ein: zu erleben, wer wir hinter unserer Fassade aus Worten, Ausflüchten und Erklärungen sind. Wir nehmen unser Innenleben an (unsere Bedürfnisse, Gedanken und Gefühle) und die Außenwelt, die zuvor hinter unseren trügerischen Annahmen über uns selbst und andere versteckt war. Und indem wir uns unseren Ausflüchten stellen, stellen wir uns unserer inneren Herausforderung. Ein Prozess, der auch als »Heilung« bekannt ist.

Wenn Wissen die Nahrung der Seele ist, wie Plato angenommen hat, dann kann Heilung geschehen, wenn wir uns unseren Ängsten stellen und dadurch Wissen gewinnen. Tabletten, Injektionen und Elektrokrampftherapie sind kein Ersatz für die lebendige Beziehung einer Therapie. Dieses Buch zeigt, wie wir gesund werden, indem wir unseren Ängsten entgegentreten. Die Beispiele aus meiner Praxis stellen Menschen mit Problemen vor, mit denen jeder von uns zu kämpfen hat. Menschen, die dieselben Ausflüchte machen wie wir. Und die Beispiele zeigen, wie Menschen zusammen mit ihren Therapierenden das Unerträgliche ertragen, um sich ihren zuvor unüberwindbaren Ängsten zu stellen.

Durch eine Reihe von Vignetten werden wir an den Begegnungen von Menschen teilhaben, deren Herzen im emotionalen Kontakt mit einem Therapeuten oder einer Therapeutin heilen. Ungeachtet ihrer Suche nach schnellen Ratschlägen und einfachen Lösungen möchten Patientinnen und Patienten wissen, welche Person unter ihrem Leiden verschüttet liegt. Welche Erkenntnis streben sie bzw. wir an? Warum suchen Menschen in der heutigen Zeit, in der dem Konzept von Wahrheit oft keine Beachtung mehr geschenkt wird, immer noch nach Wahrheit in dem zwischenmenschlichen Bündnis, genannt Psychotherapie?

1 Irgendetwas stimmt hier nicht

Wir alle haben unser Päckchen zu tragen. Jeder von uns hat schon erlebt, dass die Last unserer schmerzlichen Lebenserfahrungen uns ins Straucheln bringt oder gar zu Boden gehen lässt. Droht uns die Lebensrealität zu erdrücken, versuchen wir sie zu verleugnen. Anstatt den Rucksack abzusetzen, schauen wir nach vorn und laufen immer schneller in der Hoffnung, das erlösende Ziel doch endlich zu erreichen. Früher haben uns unsere Bewältigungsstrategien überleben lassen, jetzt sind sie Irrlichter, die uns vom Weg abbringen.

Wir suchen uns Unterstützung und halten uns für orientierungslos, obwohl unsere Orientierungshilfen fehlerhaft sind. Überall dort, wo sie versagen, treffen wir auf unsere vergrabenen Gefühle. Vertraut und gleichsam furchteinflößend lassen sie uns tiefer ins Dickicht unseres Leidens fliehen.

Was wäre, wenn der heilversprechende Weg in den Abgrund führt und unsere Furcht uns zum sicheren Hort weist? Wenn das Ausgraben der Gefühle sie nicht nur ins Helle holt, sondern uns auch den Mut gibt, ihnen in die Augen zu schauen?

Im folgenden Abschnitt werden wir uns damit beschäftigen, wie der Therapeut uns den Weg durch das – für uns allein – undurchdringbare Dickicht unsere Symptome zeigt. Hin zu unseren Gefühlen, durch die düsteren Tiefen unserer Vergangenheit, hinaus ins Helle, in die Freiheit, zu uns selbst.

Therapie – ein vor uns liegender Weg oder das erreichte Ziel?

Wenn wir der Angst nachgeben und unseren Gefühlen ausweichen, statt uns ihnen zu stellen, entwickeln wir die therapiebedürftige Symptomatik. Wir ertragen widrige Lebensbedingungen, aber unser inneres Leiden kann unerträglich sein: ein geplatzter Traum, der Tod einer geliebten Person oder gar die aufgegebene Hoffnung, jemals geliebt zu werden. Sigmund Freud hat Psychotherapie als »Heilung durch Liebe«[1] bezeichnet und damit vielfältige

1 Sigmund Freud an C. G. Jung, 1906, in *The Freud/Jung Letters* (Princeton, NJ: Princeton

Reaktionen hervorgerufen. Ungeachtet dessen wurde Psychotherapie vor kurzem bei einer Konferenz von einem Redner dort als Prozedur zum Erzielen von Veränderung und nicht als Liebe bezeichnet. Therapie reduziert auf einen standardisierten Prozess? Wo bleibt da die zwischenmenschliche Beziehung? Sind wir Menschen oder Objekte, die manipuliert werden können?

Unser Herz sehnt sich nach Zuwendung in einer Zeit, in der menschliches Leiden definiert wird über das Ungleichgewicht von chemischen Botenstoffen im Gehirn, über Denkfehler oder schlechte Gene. Wir sind keine Eimer, die mit Tabletten gefüllt werden müssen. Wir sind liebenswerte und liebesbedürftige Menschen; ächzen wir unter der Last unserer Lebensrealität, braucht es keine Tablette, sondern eine helfende Hand.

»Der Heilungsprozess findet zwischen zwei Menschen statt, die voneinander lernen und die sich – in gemeinsamer Anstrengung – der harten Wirklichkeit, Verlust und Tod stellen.«

Kein Mensch allein hat die Antwort auf alle Fragen, die das Leben jeden Tag auf ein Neues an uns stellt. Zusammen aber können wir unser Päckchen tragen, uns stützen, einander heilen. Patient und Therapeut lernen voneinander und stellen sich gemeinsam den Herausforderungen unserer menschlichen Existenz.

Natürlich bin auch ich selbst keine Ausnahme. Im Auswahlgespräch meiner Therapieausbildung fragte mich der interviewende Analytiker, ob ich selbst in Therapie gewesen sei. Ich antwortete:

»Ja.«

»Warum haben Sie die Therapie begonnen?«

»Weil ich am Ende war.«

Ich brauchte keine standardisierte Prozedur, sondern ein Gegenüber, um mich den überfordernden Erlebnissen meiner Kindheit zu stellen. Im Erwachsenenalter blind für den Ursprung meiner Qualen bedurfte es jemanden, der mit mir gemeinsam den Schleier des Vergessens lüftete und mir half, das zu ertragen, was zum Vorschein kam. Nur so konnte ich meine vermeintlichen Schutz- und Bewältigungsstrategien aufgeben, die in Wahrheit zum Motor meiner Schwierigkeiten geworden waren. Statt die Erkenntnis von anderen zu bekommen, erlangte ich sie durch die therapeutische Unterstützung selbst.

Ich begab mich auf den Pfad der Psychotherapie. Doch wo führt dieser hin, wie kommen wir zum Ziel? Scheinbar paradox, indem wir innehalten. Statt unser Leben der Suche nach einem unklaren Ziel (der Erleuchtung, Heilung

---

University Press, 1994). »Die Psychoanalyse ist im Wesentlichen eine Heilung durch Liebe«.

oder wie auch immer wir es etikettieren) zu widmen, kommen wir im Hier und Jetzt zu uns selbst, mit all unseren Gefühlen, Ängsten, Lügen. All das finden wir in unserem Hier und Jetzt.

Das erfuhr eine 40-jährige Frau am eigenen Leib. Ihr autistischer Sohn war erkrankt und musste mehrere Wochen bei ihr leben, bis er wieder in seine Wohnstätte zurückkehren konnte. Sie sagte:

»Ich war so wütend auf ihn. Er ist, ohne zu schauen, auf die Straße gelaufen und wurde fast von einem Bus überfahren! Ich schrie ihn an: ›Du sollst normal sein! Du sollst gesund sein!‹«

»Sie wollen, dass Ihr autistischer Sohn normal ist?«

»Ja.«

»Sie wollen, dass er *nicht er selbst* ist.«

»Er muss sich ändern.«

»Der Sohn, der seit 40 Jahren autistisch ist, muss sich ändern. Glauben Sie daran?«

»Nein, wohl nicht wirklich.«

»Wir wünschen uns, dass unsere Frustration seinen Autismus verschwinden lässt. Aber das wird sie nicht, oder?«

»Nein, wird sie nicht.«

»Er ist autistisch und wird immer autistisch sein. Sie hoffen seit 40 Jahren, dass ihr autistischer Sohn zu einem normalen Sohn wird. Das ist nachvollziehbar. Wer würde sich das nicht wünschen? Wollen wir die Fantasie eines normalen Sohnes, den Sie nicht haben und nicht bekommen werden, zusammen begraben?«

[Sie beugte sich nach vorne und begann zu schluchzen.]

Ich führte der Mutter die von ihr verleugnete Realität nicht vor Augen, um ihr Schmerzen zuzufügen, sondern um ihr Erleichterung zu verschaffen. Erleichterung von einer Illusion, die sie vierzig Jahre ihres Lebens gequält hatte. Indem ich mich den Gegebenheiten ihres Lebens mit ihr zusammen stellte, zeigte ich ihr, dass sie diesen auch selbst entgegentreten konnte. Als sie die Illusion eines nicht autistischen Sohnes aufgab, konnte sie ihren tatsächlichen Sohn in die Arme schließen.

Kann sie es schaffen, die Dinge in der Form anzunehmen, wie sie sind? Kann sie ihren Sohn mit seinem Autismus annehmen? Dazu braucht es nicht einen Therapeuten, der offensichtliche Gegebenheiten ausspricht, sondern der die Mutter beim Zulassen der Einsicht stützt, die schon verborgen in ihrem Inneren existiert.

Sobald die Mutter sich ihr Wunschdenken eingestand, konnte sie das wahrnehmen, womit sie jetzt leben konnte: ihren Sohn, so wie er tatsächlich war. Für diesen wurde durch das Verschwinden der Fantasie ein Platz in ihrem

Herzen frei. Genau wie in ihrem Leben, das die Mutter jetzt mit ihrem Sohn führen konnte. Nicht frei von Schwierigkeiten, aber frei von Vorwürfen an ihn und von dem resultierenden Leiden.

Sie musste ihre natürlichen Sehnsüchte nicht aufgeben, aber konnte sie als solche einordnen. Sehnsucht hin oder her, ihr Sohn ist, wie er eben ist. Ob ihr das gefällt, oder nicht. Er ist und bleibt autistisch. Selbstverständlich wird die Sehnsucht immer wieder aufkommen. Nur anstatt diesem Wunsch nachzugeben, konnte sie sich eine Weile daran erfreuen und sich dann wieder liebevoll ihrem Sohn zuwenden.

Nur allzu oft schauen wir in die Ferne und übersehen dabei das Glück direkt vor uns. Als die Frau ihren Blick auf das Hier und Jetzt richtete, fiel es ihr wie Schuppen von den Augen: »Mein Gott, in Wahrheit bin *ich* diejenige, die lernen muss, mit ihrem Leben zurechtzukommen. *Ich* muss lernen, die Realität zu sehen, um nicht von ihr überfahren zu werden.«

Wir gesunden an der Wahrheit, egal wie hart sie sein mag, und erkranken daran, einem Phantom nachzujagen. Der Therapeut lässt uns innehalten und im Hier und Jetzt zu Atem kommen. Geerdet im gegenwärtigen Moment, können wir unsere Gefühle spüren, die zuvor in den Schatten als körperliche Anspannung versteckt blieben. Gänzlich unerwartet reicht unsere Angst uns die helfende Hand, um genau diese Schatten zu erkunden, vor denen wir panisch flüchten.

Übrigens sagt uns der Therapeut immer wieder dasselbe: »Hör auf davonzulaufen und stell dich deinen Ängsten.«

Aber wir haben uns angewöhnt, nicht zuzuhören. Wir führen ein Leben auf der Flucht, ohne dabei zu realisieren, dass wir vor unseren Gefühlen und ihren Auslösern flüchten. Wir haben nie gelernt, den Unterschied darin zu erkennen, wer wir sind und wer wir zu sein versuchen. Um endlich auf unserer Flucht innezuhalten, brauchen wir eine Partnerin oder einen Partner, die oder der uns dabei hilft, zur Ruhe zu kommen und unsere Gefühle wahrzunehmen. Denn was allein unerträglich war, wird zu zweit erträglich.

Dieses Vorgehen ist kein standardisierter Prozess, sondern das beiderseitige Akzeptieren unseres Innen- und äußeren Lebens, der Realität. Und was würde dies treffender bezeichnen als Liebe? Sobald die Frau den Autismus ihres Sohnes akzeptierte, konnte sie ihn lieben und hörte auf, das Unmögliche von ihm zu fordern: ein nicht autistisches Kind zu sein. Um zu heilen, müssen wir das zuvor Unerträgliche akzeptieren: die Realität und unsere zugehörigen Gefühle.

Das Unerträgliche

»Jon, Jon!« schrie meine Schwester. Mit ihren zweieinhalb Jahren stand sie im Kinderbettchen neben dem Fenster und musste mit ansehen, wie mein eineinhalbjähriger Bruder sich in der Gardinenschnur verfangen hatte und langsam erstickte. Ich sprang aus dem Bett, rannte zum Kinderbett, kletterte zu meiner Schwester hinein und half ihr, meinen Bruder zu stützen, der verzweifelt mit seinen Beinen strampelte. Mit vereinten Kräften wollten wir ihn aus der Schlinge der Gardinenschnur befreien, was nicht gelang. Wir versuchten alles, aber in seiner Panik war er einfach zu schwer. Schließlich stürmte ich in die Küche, um Hilfe zu holen. Ich hörte die Babysitterin noch nach meiner Mutter im Garten schreien. Meine nächste Erinnerung ist die an meine Mutter, wie sie meinen Bruder verzweifelt von Mund zu Mund beatmete. Minuten später, mein Bruder lag tot auf dem braunen Teppich neben der grünen Sauerstoffflasche, führte mich eine Nachbarin an der Hand in ihr Haus. Dort blieb ich bis nach der Beerdigung und sah meinen Bruder nie wieder.

Leben. Tod. Schuldgefühle wegen des Tods meines Bruders. Ich stand vor Fragen, die mich mit meinen fünf Jahren einfach überwältigten.

Doch bin ich nicht der Einzige. All diejenigen, die sich nach Heilung sehnen, mussten Qualen erdulden, die zu viel für sie allein waren. Die Mutter einer Patientin hatte versucht, sie zu ertränken. Der Vater eines Mannes hatte ihn grün und blau geprügelt. Die psychotische Mutter einer weiteren Patientin zog sich mitten auf einer Straßenkreuzung nackt aus und hielt vor den vorbeifahrenden Autos eine Predigt. Diese Betroffenen sind unsere Leidensgenossen.

Alle, die wir nach Heilung suchen, haben gebrochene Herzen, Verluste und qualvolle Gefühle in unserer Vorgeschichte erfahren. Beschwert davon konnten wir unsere Suche nie zum Ziel führen. Um endlich anzukommen, sehnen wir uns nach einer Person, die uns auf dem Rest des Weges begleitet.

Heilung

Im Laufe der Behandlung können wir feststellen, dass wir innerhalb der therapeutischen Beziehung heilen. Die Wunden, die in zwischenmenschlichen Beziehungen entstanden sind, können nur *in* einer solchen wieder heilen. In einer Beziehung, in welcher die Therapeutin nicht *zu* uns, sondern *mit* uns spricht, um herauszufinden, wer wir hinter all unseren Worten, Ideen und Fantasien sind. Sie fragt nach unseren Gefühlen, nicht nach unseren Überzeugungen, und lädt uns zu einer neuen Art von Beziehung ein, in eine andere Welt. Dort wird uns nicht gesagt, dass wir den Mund halten, uns nicht so haben oder einfach damit abschließen sollen. Stattdessen wird gemeinsam mit der Therapeutin ein Tor geöffnet, durch das unsere tiefsten Gefühle ins Bewusstsein treten können.

Anstatt am Küchentisch über die Welt zu plaudern, fragt sie nach den Schmuddelecken unserer *inneren* Welt. D.h. nach unseren heimlichen Bedürfnissen und Wünschen, die wir schuldbesetzt vor uns selbst und anderen verstecken. Sie ermutigt uns, die Scherben unserer Vergangenheit zusammenzukehren: »Wie wäre es, mit Ihnen selbst ins Reine zu kommen? Schließlich sind Sie selbst die bedeutendste Person, die Sie jemals treffen werden.«

Um mit uns ins Reine zu kommen, müssen wir uns selbst unter dem Scherbenhaufen aus Worten, Ausflüchten und Rechtfertigungen finden. Dazu ein Beispiel, in dem eine Frau ihre Therapie damit begann, von einem Besuch beim Friseur und Dermatologen zu berichten, anstatt ein Anliegen zu benennen.

Ich fragte: »Wenn wir Ihren Dermatologen außen vor lassen, bei welchem Problem möchten Sie meine Hilfe?«

»Mein vorheriger Therapeut hat gesagt, dass ich als Kind traumatisiert wurde.«

»Und Sie? Woran möchten *Sie* arbeiten?«

»Da gibt es so viele Sachen. Es ist schwer, mich auf eine festzulegen.«

»Wenn Sie konkret werden, bei welchem Anliegen möchten Sie meine Hilfe?

»Ich kann von meiner Kindheit erzählen, vielleicht hilft Ihnen das weiter.«

»Bevor wir auf Ihre Biographie zu sprechen kommen, bei welchem Problem möchten Sie meine Hilfe?«

Sie seufzte und offenbarte: »Es ist mir unangenehm, das direkt anzusprechen.«

»Sie möchten meine Hilfe und fühlen sich gleichzeitig unwohl dabei, mir Ihr Problem zu offenbaren. Wenn wir das Problem nicht kennen, was wird passieren?«

»Ich werde keine Hilfe bekommen.«

»Sie wollen Hilfe und verhindern gleichzeitig, dass Sie die gewünschte Hilfe bekommen. Könnte dieses Muster ein Problem sein, bei dem Sie meine Hilfe möchten?«

Ihre Lippen zitterten und ihr stiegen Tränen in die Augen.

Im Alltag haben sich viele von uns eine Fassade zugelegt: »Ich habe alles unter Kontrolle!« In einer Therapie kann gemeinsam hinter diese Fassade geschaut werden, zu der wahren Person, die sich schutzsuchend hinter der Mauer versteckt hat. Wenn die Person mit Unterstützung der Therapeutin sich der einschränkenden Mauern gewahr wird, kann sie in ihrem Tempo aus der Deckung hervorkommen und wieder ins Licht treten. Nackt und ohne den Schutz des bisherigen Vermeidungsverhaltens kann sie nicht mehr vorgeben, dass alles gut wäre.

Die Therapeutin nimmt uns, wie wir sind. Zwei Menschen begegnen einander.

Die Therapeutin akzeptiert unsere Gedanken, Gefühle und unbewussten Ängste, und wir können erleben, was wir zugleich wollen und fürchten: bedingungslos geliebt zu werden, wie wir sind. Wir fürchten den Schmerz und die Trauer, wenn die wärmende Liebe die vorherige Kälte bewusst werden lässt.

Unsere vertraute Selbstablehnung und Furcht lösen sich durch die beidseitige Akzeptanz unserer Gefühle auf. Warum beiderseitig? Wenn nur die Therapeutin uns akzeptiert, aber wir selbst uns nicht, setzen wir unsere Selbstablehnung heimlich fort. Wir heilen nur, wenn wir uns auch selbst annehmen. Uns selbst zu akzeptieren beginnt damit, unsere Probleme anzuerkennen.

Das Zögern meiner Patientin, ihr Problem zu benennen, stellte sich letztendlich als Vorteil heraus. Ihre Furcht, mir ihr Problem zu offenbaren, führte uns zu ihrer Furcht, sich von mir abhängig zu machen. Ihr Zögern offenbarte ihren nicht erfüllten Wunsch, akzeptiert zu werden. Ihr depressiver Anteil lehnte ihren aktuellen Lebensstil ab und deutete damit indirekt auf das Leben hin, welches sie sich zu bejahen scheute. Ich akzeptierte ihre Nähe abwehrenden Gedanken, dass ich eine weitere Person sei, die sie ablehnen würde. Mit der beidseitigen Akzeptanz konnten die Tränen fließen und eine Lüge wegspülen: die Lüge, dass wir nicht liebenswert sind.

Stimmt etwas nicht mit mir?

Immer wieder sagen wir uns selbst: »Irgendetwas stimmt nicht mit dir!« Lassen Sie uns ein Beispiel anschauen, bei dem klarer wird, was sich hinter dieser Lüge verbirgt. Eine ehemals Kokainabhängige, die Stimmen in ihrem

Kopf hörte, die sie zum Substanzkonsum aufforderten, sagte: »Ich kann nicht sagen, woran es liegt, aber etwas fühlt sich falsch an. Ich weiß nicht genau, was richtig ist, das ist jedenfalls nicht richtig.« Manchmal ist es ein unstimmiges Gefühl, dass auf eine heranwachsende, innere Einsicht hindeutet.

Diese Patientin hatte sich jahrelang selbst gestraft mit dem Glauben, dass sie es verdient habe zu leiden. Warum? Um ihren Substanzkonsum zu finanzieren, hatte sie angefangen, als Prostituierte zu arbeiten. Damit ihre Töchter dies nicht mitbekamen, gab sie diese zu deren Vater, einem Exfreund. Während sie anschaffen ging, erfuhr sie, dass der Kindsvater die älteste Tochter sexuell missbraucht hatte. Sie nahm ihre Töchter sofort zu sich zurück und zeigte ihn an. Ungeachtet dessen war der Schaden angerichtet. Die Drogen waren ihr wichtiger gewesen als die Sicherheit ihrer Töchter.

Ihre vorherigen Therapierenden hatten versucht, ihr die Schuld auszureden, und sie dazu aufgefordert, sich selbst zu vergeben. Sie fürchtete dasselbe Verhalten von mir: »Was ich gemacht habe, war falsch! Und das lasse ich mir von niemandem ausreden.«

»Sie haben recht, Sie haben falsch gehandelt. Und diese Schuld wird Sie bis an Ihr Lebensende begleiten. Niemand kann sie Ihnen nehmen. Und ich habe kein Recht, es zu versuchen, denn die Reue ist der gesündeste Anteil in Ihnen. Gerade weil Sie Ihre Töchter lieben, fühlen Sie sich reumütig. Es ist ein Zeichen Ihrer Liebe. Und eine Therapie kann daran nichts ändern. Aber wir können Ihnen mit diesen schrecklichen Selbstbestrafungen helfen, die Sie sich seitdem antun. Schließlich hilft es Ihren Töchtern nicht, wenn Sie sich selbst bestrafen, oder?«

Sie litt, weil sie einer Lüge glaubte: »Ich habe es verdient, für immer zu leiden.« Was sie als Fehler sah, war tatsächlich ihre gute Seite. Ihre Reue, die auf die Liebe zu ihren Töchtern hinwies. Als es ihr schließlich gelang, die Reue zuzulassen und auszuhalten, konnte sie auch die Liebe zu ihren Töchter spüren, ihre innere Schönheit. Da sie sich nun nicht mehr selbst bestrafen musste, hörte sie auf, Drogen zu konsumieren und sich zu prostituieren. Sie stellte sich dem, was sie angerichtet hatte, begann in einer Kindertagesstätte zu arbeiten und reparierte damit symbolisch den Schaden aus der Vergangenheit.

Sie hatte als Prostituierte gearbeitet. Könnte es auch eine Art Prostitution sein, wenn man vorgibt, einen Job zu mögen, von den man nicht angetan ist? Ein Mann, der darauf vorbereitet worden war, in das Familienunternehmen einzusteigen, wurde während seiner Arbeit immer mürrischer. »Mit mir stimmt etwas nicht«, sagte er, »ich sollte nicht depressiv sein.« Tatsächlich hatte sein depressiver Anteil recht. Er war ein begabter Maler. Seine Symptomatik war eine Botschaft seiner Seele: »Verlasse das Familienunternehmen und werde Künstler.« Er wurde depressiv, weil er eine Lüge lebte. Sobald er damit aufhörte und seiner wahren Berufung folgte, verschwanden die depressiven Symptome.

Eine andere Frau musste ihren Job nicht wechseln, sondern stattdessen damit aufhören, sich selbst anzulügen. Sie wunderte sich: »Warum bin ich nur so angespannt? Mein Leben ist großartig. Meine Kinder sind erwachsen. Das hat doch keinen Sinn.« Unbewusste Angst und Anspannungen lassen keinen Sinn erkennen, bis wir uns den Tatsachen stellen und diese zusammenfügen.

Eigentlich war sie diejenige, die das Familienunternehmen führte. Stattdessen wurde aber ihr Ehemann als Leiter wahrgenommen. Wiederholt unterminierte er ihre Autorität gegenüber Mitarbeitenden. Als wir explorierten, welche Gefühle sie ihm gegenüber empfand, wenn er sie sabotierte, versicherte sie mir: »Ich bin nicht wütend«. Sie war überzeugt davon, dass ihr Ärger unangemessen sei. Sie verleugnete die Wut auf ihren Mann und ließ ihren Ärger stattdessen an den anderen Mitarbeitenden aus.

Ihre Anspannung wies auf ihren Ärger hin, sie war ein Signal, ehrlicher zu sich selbst, zu ihrem Ehemann und zu mir zu sein. Unbewusste Angst und körperliche Anspannung sprachen aus, was ihre Worte unausgesprochen ließen. Kurze Zeit später ließ sie ihre Fassade nach 30 Jahren fallen und setzte ihrem Ehemann endlich Grenzen. Sie behauptete ihre Führungsrolle offen und unter Nutzung ihres vollen Potentials.

Vielleicht können wir den Gedanken »Mit mir stimmt etwas nicht!« als Signal nehmen, dass unser wahres Ich das Licht der Welt erblicken und ein authentischeres Leben führen will.

Mit mir ist alles okay. Aber mit dir stimmt etwas nicht!

Bei einigen Gelegenheit sagen wir uns: »Mit mir stimmt etwas nicht«, bei anderen: »Mit dir stimmt etwas nicht!«. Wir nehmen Anstoß an Alltäglichkeiten. »Meine Ehefrau sollte nicht zu spät kommen.« »Mein Ehemann sollte wissen, was ich möchte.« Wir fangen an festzulegen, was andere Personen tun *sollten.* Wie sie sein *sollten.* Tun oder sind sie das nicht, dann stimmt etwas nicht mit ihnen. Oder sagt es doch mehr über uns selbst aus? Könnten uns andere als Geburtshelfende dabei behilflich sein, die Gebärmutter unseres Wunschdenkens zu verlassen und das Leben als unser wirkliches Selbst zu beginnen?

Ein Mann empörte sich über die Affäre seiner Ehefrau: »Sie hat mich betrogen. Sie war untreu. Ich kann einfach nicht glauben, dass sie das gemacht hat. Einfach furchtbar!« Es war furchtbar und zur selben Zeit ein Realitätscheck. Das Verhalten seiner Ehefrau ließ ihn aus seinem Traum einer funktionierenden Beziehung erwachen. Obwohl er von ihrer Affäre abgestoßen war, begann er seinen Karrierismus als seine eigene verstohlene Affäre zu sehen. Für die obsessive Beziehung mit seinem Job hatte er seine Ehefrau abblitzen lassen. Als er nun aus seinem Ehetraum erwacht war und die Augen öffnete, konnte er sehen, wie seine Geringschätzung ihre Liebe sterben ließ.

Aufgewühlt rechtfertigte er sich: »Ich habe ihr gesagt, dass sie sich alles kaufen kann, was sie will. Ich habe sogar ein Wohltätigkeitskonto mit einer Million eröffnet, damit wir es zusammen verwalten können. Was will sie denn noch? Ich bin ein vielbeschäftigter Mann. Vier Tage die Woche muss ich zum Arbeiten nach Manhattan. Ich habe keine Zeit für dieses ganze Zuhause-gemeinsam-Essen-Zeug. Ich habe extra die Villa in der Straße P gekauft, damit sie beschäftigt ist.«

Dieser Mann liebte seine Frau nicht. Er liebte eine fiktive Ehefrau, die all seinen Wünschen entsprach. In den ersten Tagen, nachdem er von der Affäre erfahren hatte, brodelte es ständig in ihm: »Ich habe ihr gesagt, dass sie die Affäre beenden muss oder es aus mit uns ist. Sie meinte, ich solle aufhören, sie anzuschreien. Ich habe sie nicht angeschrien; ich habe ihr gesagt, dass ich ihr den Geldhahn zudrehe, wenn sie den Kontakt zu diesem Hurensohn nicht abbricht.«

Er war schockiert, weil seine Verleugnung immer wieder mit der Realität kollidierte. Anstelle der Ehefrau seines Wunschdenkens tauchte ständig seine tatsächliche Frau auf. Warum widersetzte sie sich seiner Kontrolle? Für ihn stand es außer Frage, dass sie ihm zu gehorchen hatte. In seiner Welt existierte nur ein Wille, nur ein Wunsch. Es war ihm unverständlich, dass sie sein Schloss verlassen wollte, dass sie sich nicht als Prinzessin fühlte, sondern als Gefangene. Wenn wir perplex sind, dann können wir uns entweder der Wahrheit stellen oder ihr mit unseren Lügen den Rücken zudrehen. Der besagte Mann entschied sich für Letzteres und lächelte höhnisch: »Sie ist nur eine egoistische Schlampe. Sie hat mich niemals geliebt. Sie sieht nur sich selbst. Ich habe ihr immer wieder gesagt, was nicht stimmt, aber sie wollte einfach nicht zuhören.«

Er selbst sah seine Ansichten als tiefgründige Erkenntnisse an und nahm an, dass sie ihn nicht liebte. Tragischerweise verzerrten seine Annahmen die Fakten. Seine Frau sehnte sich nach seiner Liebe, aber er liebte seine Realitätskonstruktion mehr als seine reale Frau.

Diese »Meinungen« über andere Personen, in der psychologischen Fachsprache als *Projektionen* bezeichnet, erscheinen der projizierenden Person als wahr, weil sie in gewissem Sinne wahr sind: Wahrheiten, die wir in uns selbst nicht haben wollen und deswegen anderen zuschieben. Sind wir mit unserem inneren Kritiker überfordert, erleben wir andere Personen als kritisch. Ignorieren wir uns selbst in zu starkem Ausmaß, kommen uns andere Menschen uns gegenüber als ignorant vor. Kümmern wir uns zu wenig um uns selbst, glauben wir, dass andere uns vernachlässigen. Wenn wir uns den Mechanismus der Projektionen jedoch bewusst machen, können wir ihn für uns nutzen. Die Personen, denen wir unsere Projektionen zuschieben, können wir dann als Spiegel nutzen und in diesem erkennen und akzeptieren, was wir bei uns selbst ablehnen.

Aus unserem Laufstall heraus betrachtet, können manche Menschen auf den ersten Blick so wirken, als ob bei ihnen etwas nicht stimme. Wir bilden uns eine Meinung, fällen ein Urteil und behaupten verblüfft, dass wir sie überhaupt nicht begreifen können. Warum? Weil diese Personen nicht so sind, wie sie unserer Ansicht nach sein sollten: Sie sollten wie wir selbst sein; wollen, was wir wollen; tun, was wir tun, und denken, wie wir denken. Wir wollen, dass sie perfekt sind, also perfekte Klone von uns.

War die Frau egoistisch mit ihrem Ehebruch oder war der Mann egoistisch in seiner Selbstbezogenheit? War sie die Schlampe oder er der Mistkerl? Er hatte sie nie geliebt. Stattdessen aber seine Wunschvorstellung, die Version einer Ehefrau, die sie seines Erachtens nach hätte sein sollen.

Der Satz »Mit dir stimmt etwas nicht« sagt in Wirklichkeit: »Ich fürchte die Selbsterkenntnis, die du in mir erweckst.« Wie ein Kollege von mir feststellte: »Die Selbsterkenntnis wird dich heilen, aber im ersten Moment tut sie verdammt weh.« Kein Wunder also, dass wir unsere Makel lieber bei anderen kritisieren.

Das schmerzliche Erkennen der eigenen Wahrheiten abwehrend, projizierte dieser Ehemann seine Selbstbezogenheit, seinen Mangel an Liebe und seinen Betrug auf seine Ehefrau und kritisierte sie stellvertretend. Wenn wir unsere Vorwürfe zurücknehmen, spüren wir den Schmerz der Selbsterkenntnis.

Was wäre, wenn Personen, bei denen »etwas nicht stimmt«, abgespaltene Teile unserer selbst repräsentieren, die nur darauf warten, wieder in unsere Persönlichkeit integriert zu werden? Was wäre, wenn die Affäre der Ehefrau nur die Resonanz der Affäre des Mannes mit seinem Job war? Im weiteren Verlauf entschuldigte sich die Ehefrau bei ihm für die Affäre, aber die Entschuldigung traf auf taube Ohren, und er verurteilte sie weiter dafür. Zeugen seine anhaltenden Verurteilungen davon, dass er mehr Gefallen am Kritisieren findet als an ihr? Falls dem so wäre, sollte sie die Liebe nicht besser woanders suchen?

Ungeachtet ihrer Entschuldigung verurteilte er sie weiter für ihre Verletzlichkeit bzw. für das Abbild seiner eigenen Verletzlichkeit, die er verabscheute und die erst durch die Affäre an der Oberfläche sichtbar wurde. Stellen wir uns einmal vor, wir könnten Folgendes sagen: »Oh du Mensch, mit dem vermeintlich etwas nicht stimmt, vielen Dank, dass ich mein Selbst in dir finden kann. Stellvertretend verabscheue ich das an dir, was ich an mir selbst nicht wahrhaben will.« Stattdessen weisen wir unsere Schwachstellen von uns und sehen diese dafür bei unserem Gegenüber.

Wenn wir mit Unterstützung der Therapeutin erkennen, dass wir unsere eigenen Makel anderen zuschieben, stehen wir den Schmerz der Selbsterkenntnis durch. Aber wenn wir es schaffen, uns der Person im Spiegel, mit der etwas nicht stimmt, und damit uns selbst wohlwollend zuzuwenden, können wir bei uns selbst ankommen. Menschen, mit denen vermeintlich etwas nicht in Ordnung ist, mobilisieren Gefühle in uns, von denen wir uns zuvor einbildeten, dass sie nur ihnen innewohnen würden. Wir können für den Rest unseres Lebens andere dafür kritisieren, dass etwas nicht mit ihnen stimmt, und uns nicht mit unseren eigenen Makeln auseinandersetzen. Oder wir können diesen Personen erlauben, uns wieder zu uns selbst zurückkehren zu lassen.

Ich kann nicht mehr

Aus seiner Fantasie zu erwachen und wieder an der Realität teilzuhaben klingt toll, außer wenn die Realität beinhaltet, dass man seinen Job verliert, gekündigt wird, erkrankt, eine Ehescheidung durchmacht oder stirbt. Als Reaktion auf die Härten des Lebens glauben wir oft nicht mehr weiterzukönnen, gebrochen oder ruiniert zu sein. Dabei sind es unsere Illusionen, die wir nicht weiter aufrechterhalten können. Unsere Hoffnung ist zerstört und unsere Träume sind ruiniert. Wir schauen aus dem Fenster und die Welt sieht unverändert aus. Wir schauen in uns selbst hinein und sehen unsere Fantasien in Scherben liegen.

Brechen unsere Illusionen zusammen, kann die Wahrheit zum Vorschein kommen. Wir sind überzeugt davon, nicht mehr weiterzukönnen, überfordert vom Leben, und gleichsam sind wir immer noch hier. Also, was ist nun tatsächlich zusammengebrochen, wir oder unser Selbstbild? Sind wir gestorben oder aber unsere Träume? Wie unendlich schwer ist es doch, dabei zuzuschauen, wie das Gespinst unserer Illusionen zerfällt.

Schauen wir uns als Beispiel einen Mann an, der die Schwere der psychischen Erkrankung seiner Ehefrau verleugnete. Er hielt an der Hoffnung fest, dass seine Frau normal war und Hilfe annehmen würde, anstatt dass sie an einer Psychose litt und schon dutzende Behandlungen abgelehnt hatte. Als seine Hoffnung ins Wanken geriet, versuchte er noch einmal, diese wieder auf die Füße zu stellen: »Glauben Sie, dass meine Frau von einer Körpertherapie profitieren würde?« Überzeugt davon, seiner Frau treu zu sein, war er nur seinem Wunschdenken treu. Als seine Tränen endlich fließen konnten, zeugten sie von seiner zugrundeliegenden Wiedervereinigung mit der Realität.

Der Autor Jeff Foster schrieb passend dazu: »Ein Nervenzusammenbruch kann auf den Durchbruch einer tieferen Wahrheit hinweisen. Nur unsere Lügen können zusammenbrechen, aber nicht unser wahres Selbst. Einige nennen es ›Erwachen‹ und andere ›Selbstfindung‹.«[2]

Eine Frau halluzinierte, dass sich ihr Schlafzimmer bewegte. Damit das aufhörte, fing sie an, mit ihrem Kopf gegen die Wand zu schlagen. Sie schrie und kratzte sich die Hände blutig. Ihr Ehemann hatte sie verlassen. Die Welt drehte sich ohne sie weiter und sie war machtlos dagegen. Um den geliebten Ehemann zu schützen, richtete sich ihre Wut gegen den eigenen Kopf und die eigenen Hände.

»Ich kann nicht mehr«, sagte sie. »Ich würde mich umbringen, wenn mich meine Tochter Lora nicht bräuchte. Aber außer ihr hält mich nichts mehr zurück. Ich bin nur noch ein Scherbenhaufen.« Sie dachte, *sie* wäre zerbrochen, während es doch nur ihre *Illusionen* waren. Sie sah, wie sich die Wände bewegten, aber stattdessen war es das Leben, das sich einfach weiterdrehte, so wie es das immer tut. Mit ihrer Verleugnung hatte sie vergebens versucht, den Lauf der Dinge aufzuhalten. Und jetzt war ihre Fantasie, dass alles so bleiben würde wie immer, mit der Realität zusammengeprallt und zersprungen.

Wenn Fakten unser Wunschdenken beenden, versuchen einige von uns ihr Leben zu beenden, um dem Elend der dahinschwindenden Fantasien zu entkommen bzw. dem »psychache«[3] *(Seelenschmerz)*, wie es der Suizidforscher Edwin Shneidman formulierte. Heimgesucht von unseren untoten Hoffnungen

---

2 Jeff Foster, *Falling in Love with Where You Are* (New York: Non-Duality Press, 2013).

3 Edwin Shneidman, ein bekannter Forscher auf dem Gebiet des Suizids und seiner Ursachen, schlug vor, dass Selbstmord ein Versuch ist, sich von unerträglichen psychischen Schmerzen zu befreien, die er »Psychoschmerz« nannte. Edwin Shneidman, *Suicide as Psychache* (New York: Jason Aronson, 1995).

ziehen wir ggf. in einer Kurzschlussreaktion den körperlichen Tod vor, anstatt den Geburtsschmerz der Trauer zu ertragen.

Diese Frau war überzeugt davon zu sterben, sie brach mehr und mehr zusammen. Dabei stürzten tatsächlich nur ihre Illusionen ein und ermöglichten der Realität, zum Vorschein zu kommen. Wir zerbrechen niemals, auch wenn wir das in unserer Vorstellung tun. Unsere Illusionen brechen ein, und auch unsere Verleugnung und unsere Forderungen können die Scherben unserer Fantasien nicht wieder zusammenfügen. Sobald die Verleugnung überwunden ist, können Trauer und Wut herauskommen. In diesem Ansturm verbrennt das Feuer der Emotionen nicht uns, sondern lässt von unseren Illusionen nur Asche übrig.

Da wir uns vor dem Verlust unserer Illusionen fürchten, erzählen wir unseren Freunden Geschichten davon, wie ungerecht wir behandelt wurden. Diese Geschichten wirken auf den ersten Blick wahr, da sie in sich schlüssig sind. Tatsächlich sind sie aber falsch, weil sie einen bedeutenden Teil auslassen: den Rest der Realität. Die Vorzüge der verzerrten Erzählperspektive sind, dass wir jede und jeden dämonisieren oder auch zur Karikatur machen können, wenn wir nur ganz gezielt ausreichend Informationen weglassen und unser Narrativ trotzdem als Fakt darstellen.

Nichts drängt uns so sehr dazu, eine Person zu dämonisieren, wie eine Ehescheidung. Ein Mann, der seine Ehefrau schikaniert hatte, ereiferte sich über die Trennung seiner Frau nach jahrelanger Eheberatung. Seine Frau war trotz ihrer Fehler auch geduldig, liebevoll und treu gewesen. Sobald sie ihn verlassen hatte, machte er sie in seinen Vorstellungen zu einer Lügnerin, Betrügerin und einer feigen Person. Sein Klagelied trug er bei jeder sich bietenden Gelegenheit vor, eine gut einstudierte Litanei ihrer Makel. Unter Auslassung vieler ihrer Stärken beschrieb er eine tugendhafte Frau, die sich auf mysteriöse Weise in eine Hexe verwandelt hatte. »Jetzt kenne ich ihr wahres Gesicht. Das sehe nur ich. Andere sehen nur ihr Lächeln, nicht, wie sie wirklich ist. Sie ist so gut darin, sich zu verstellen.« Er rief seine Freunde an und erzählte von ihren imaginierten Verbrechen: »Es gibt etwas, dass ihr unbedingt wissen müsst …«.

Wenn wir darin aufgehen, unsere »Unterdrückenden« zu dämonisieren, und sie als Karikaturen vor Freunden und Therapierenden paradieren lassen, können diese uns nachsichtig behandeln, indem sie sich unserer Mitleidsparty anschließen. Eine masochistische Fiesta[4], auf der wir gemeinsam das Lied

4 Ich verdanke dem Psychoanalytiker Edmund Bergler diesen Satz aus seinem Buch *The Superego* (New York: Grune and Stratton, 1952).

unserer Opferrolle singen und beklagen, dass das Leben nicht unseren Fantasien entspricht.

Dieser Mann wartete darauf, dass seine ihn »schikanierende« Ehefrau sich änderte und schikanierte sich so selbst. Er erlebte sich als Opfer seiner Frau und wurde damit Opfer seiner Opferhaltung. Er sperrte die einzige Person ein, die er ändern konnte: sich selbst. Wir sehen uns selbst als Opfer, weil wir nicht wahrhaben wollen, wie wir uns selbst dazu machen. Stattdessen werfen wir anderen das vor, was wir uns selbst antun, und werden blind gegenüber der wahren Täterin oder dem wahren Täter.

Der Mann, der seine Frau schikaniert hatte, beharrte darauf, dass sie eine Lügnerin, Betrügerin und eine feige Person war. Indes erzählte er sich selbst und ihr eine Lüge, indem er versuchte, sie zu seinem menschgewordenen Wunschdenken zu formen. So hatte er eine Affäre mit seiner idealisierten Fantasie und vergaß darüber, dass er seine tatsächliche Frau betrog. Schikanierendes Verhalten brandmarkt die feige Person als solche. Aus Angst, die Realität anzunehmen, verleugnet er diese durch seine Schikane. Sobald seine Fantasie der Realität wich, versuchte er seine Frau zu brechen, doch sie verließ seine Seifenblase.

Eine Aufgabe unserer Therapeutin ist es, die Klagegesänge unserer Opferhaltung zu hinterfragen. Anstatt mit unseren Karikaturen übereinzustimmen, lädt sie uns ein, auch die Fakten, die wir weglassen, zu akzeptieren. Wenn wir uns den Fakten öffnen, anstatt uns auf unsere Fantasien einzuschränken, akzeptieren wir, dass unsere Lieben gute und schlechte Eigenschaften haben, genau wie wir. Auch wir haben in unserem Leben irgendwann einmal jemanden schikaniert. Andere haben uns verletzt und wir haben sie verletzt. Egal wie sehr wir uns als unschuldige Opfer darstellen, keiner von uns ist fehlerlos, makellos oder schuldlos.

Das Leben zu dessen eigenen Bedingungen anzunehmen, kann schwer sein. Akzeptieren wir das Leben, so wie es ist, brechen unsere Illusionen zusammen. Wir brauchen emotionalen Mut, um den Schmerz zu durchleben, ohne davor wegzurennen, ihn zu erklären oder zu rechtfertigen. In der Opferrolle fordern wir andere dazu auf, unser Narrativ zu übernehmen. Allerdings müssen wir unsere Geschichten beiseitelassen, um zu erkennen, wer wir wirklich sind.

Ohne unsere gewohnte Fassade fühlen wir uns nackt. Als ich einem Mann dabei half, seine Fassade fallen zu lassen, warf er mir vor: »Sie versuchen mich bloßzustellen!« Ich erklärte: »Die gute Nachricht ist, dass ich Sie nicht bloßstellen kann. Das können nur Sie selbst. Ich kann Ihnen nur Fragen stellen, und Sie können Ihre Maske auflassen oder absetzen. Die Entscheidung liegt bei Ihnen: Wollen Sie Ihre Maske abnehmen oder weiterhin blind durch das Leben gehen?«

Als der Mann sich dazu entschied, sein Seelenleben zu offenbaren, bemerkte er, dass wir immer nackt sind. Unsere Fassaden sind imaginär und unsichtbar. Wir versuchen zu verbergen, wer wir sind, aber andere Menschen sehen uns trotzdem. Wir können uns nicht von der Realität lossagen, außer durch den Schleier unserer Illusionen. Ohne unsere Fassaden können wir gegenseitig erkennen, dass tief drinnen jeder von uns mit Gefühlen, Lügen und Sehnsüchten zu kämpfen hat.

Was wäre, wenn Gefühle Erscheinungsformen von Liebe sind?

Was lernen wir in einer Therapie? Die Wahrheit. Wie lernen wir? Indem wir sie annehmen. Wer ist unser Lehrender? Das Hier und Jetzt. Das Leben sendet uns Signale, damit wir die die Wahrheit bemerken: unbewusste Angst und Anspannung, Ärger, Trauer, Depressivität, gute und schlechte Beziehungen, was auch immer gerade passiert. Wenn wir Schwierigkeiten haben, das Leben so zu nehmen, wie es ist, suchen wir uns Hilfe. Oder prokrastinieren.

Eine junge Frau wartete darauf, dass sich ihr reales Leben in ihr Wunschleben verwandelte. Ärgerlich über ihren Chef, der eine Beförderung abgelehnt hatte, fragte sie mich: »Muss ich das akzeptieren?«

»Nein. Das Leben wird warten, bis Sie bereit dazu sind.«

»Ich fühle mich noch nicht bereit dazu.«

»Wie lange wollen Sie warten?«

Wir erhoffen uns, dass unsere Wünsche in Erfüllung gehen, wenn wir nur lange genug darauf warten. Tatsächlich warten wir vergebens, wenn wir unsere Wünsche nicht an unsere Lebenssituation anpassen.

Sobald wir aufhören, darauf zu warten, dass unser Leben sich ändert, können wir anfangen, uns selbst zu ändern. Jede Lebenskrise überfordert vorhandene Bewältigungs- bzw. Vermeidungsstrategien und bringt Gefühle zutage, bisher verschüttete Aspekte unserer selbst. Gelingt es uns, diese Anteile zu integrieren, können wir durch Selbsterkenntnis wachsen. Je tiefer wir uns vorwagen, desto mehr Licht können wir in den Keller unserer Seele bringen und verlorene Weisheiten aufspüren. Anschließend stehen wir vor der Entscheidung, ob wir diese verleugnen oder annehmen wollen.

Vor dieser Entscheidung stehen wir nicht einmalig, sondern treffen sie in jedem Moment. Während einer Therapiestunde fielen mir Tränen bei einem Mann auf und ich fragte ihn: »Was fühlen Sie gerade?«

»Ich denke zurück an ...«

»Und gerade jetzt?«

»Gestern ...«

»Welches Gefühl haben Sie jetzt?«

Er brach in Tränen aus. »Ich denke an die Zeit, als mein Vater im Sterben lag. Alle gingen davon aus, dass er uns nicht mehr hören könne, und so sprachen sie nicht mehr mit ihm. Ich setzte mich neben ihn und erzählte ihm von der Feier, auf der wir vorher gewesen waren. Während ich zu ihm sprach, bewegte er seinen Arm und klopfte mir auf die Schulter.« Plötzlich wurde ihm bewusst, dass sein verhasster Vater ihn liebte.

Diese neue Erkenntnis kam aus der Tiefe seines Unbewussten. Aufsteigende Gefühle machen uns Angst – Angst, dass sie uns herunterziehen. Und das tun sie, sie ziehen uns in die Tiefe unserer Seele, in die Quelle der Erkenntnis. Indem er in seine Trauer eintauchte, spürte er nicht nur die Liebe seines Vaters, sondern auch seine eigene Liebe für den Vater und welche Bereicherung sie für diesen darstellte.

Unsere Gefühle anzuerkennen, verwandelt uns in ein Prisma. Wir brechen die einstrahlenden Gefühle und es entsteht das Licht der Erkenntnis.[5] Die Erkenntnis des Mannes über seinen Vater entstand nicht im Kopf, sondern kam direkt von Herzen.

Wenn wir unsere Verleugnung aufgeben, lichtet sich unser Wunschdenken und unsere Gefühle kommen herangerast. Unser Selbst mit all seinen gemischten Gefühlen kann emportreten und von uns kennengelernt werden. Gefühle sind eine Erscheinungsform von Liebe, Einladungen, der Wahrheit ins Auge zu sehen. Damit die Lügen verblassen und unser wahres Selbst erstrahlen kann.

Worauf weist unser Leiden hin?

Wie passen Gefühle nach traumatischen Erlebnissen damit zusammen, dass jedes Gefühl eine Erscheinungsform von Liebe ist? Wie sollte es Liebe sein, von Angst überflutet zu werden?

5 Wilfred R. Bion, *Seven Servants* (New York: Jason Aronson, 1970)

Ein Mann wurde von Terroristen gefangen genommen und gefoltert, die seine Frau vor seinen Augen vergewaltigten und töteten. Irgendwie konnte er entkommen, verließ seine Heimat und kam als Vertriebener in ein weit entferntes Land. Überwältigt von zahlreichen Symptomen suchte er Hilfe.

Ärztinnen und Ärzte unterzogen ihn vielen Behandlungen und probierten einige Medikamente aus, um ihn von den Folgen der erlittenen Traumatisierungen zu heilen. Nichts vermochte ihm wirklich zu helfen, bis eine Therapeutin ihn wiederholt fragte, worauf seine unbewusste Angst und Anspannung denn hinwiesen: »Welche Gefühle verursachen diese Angst und Anspannung?« Die Emotionen des Vertriebenen nahmen an Intensität immer weiter zu, bis er sein Geheimnis endlich zwischen zitternden Lippen hervorbrachte.

Nach der schrecklichen Vergewaltigung und Ermordung seiner Frau konnte er entkommen. Aber bevor er sein Land verließ, hatte er noch eine Sache zu erledigen. Besessen von Rache wurde das Opfer zum Täter. Er spürte den Mörder auf, überwältigte und fesselte ihn, bevor er ihm bei lebendigem Leib die Haut abzog.

Die Angst und Anspannung des Vertriebenen wiesen auf das Trauma hin, welches er erlitten hatte, und zugleich auf jenes, das er einem anderen zugefügt hatte. Indem er seinen Peiniger in die Folterkammer brachte, wurde er selbst zum Folterknecht, also zu demjenigen, den er am meisten hasste. Als Folge dessen wurde er von Angst, Anspannung, Schuldgefühlen und Selbstvorwürfen gefoltert. Dies war der Preis seiner Rache.

Rache beinhaltet magisches Denken; wir wollen unseren eigenen Schmerz verschwinden lassen und fügen dafür anderen Menschen Schmerzen zu. Der Ehemann befreite sein Herz nicht vom Kummer, als er den Mörder seiner Frau häutete. Stattdessen zog er sich an jenem Tag selbst seine Menschlichkeit ab.

Mit der Folterung des Mörders musste er nun auch noch die Schuldgefühle des Henkers tragen, zusätzlich zu dem Schmerz, der Trauer und der Hilflosigkeit als Zeuge des Leidens seiner Ehefrau. Indem er sein Verbrechen einer Therapeutin beichtete, stellte er sich seinen Schuldgefühlen über den *von ihm* begangenen Mord und die Folter. Er stellte sich seiner Trauer, welche er mit seiner Rache zu vermeiden versucht hatte, und konnte endlich seine Menschlichkeit zurückgewinnen.

Er hoffte, sich den Schmerz aus dem Herzen zu reißen, indem er dem Mörder die Haut vom Leibe riss. Genau wie er, wenn wir innerlich an Schmerzen leiden, mögen wir versuchen diese dadurch loszuwerden, dass wir sie anderen zufügen. Doch egal wie sehr wir uns bemühen, die Schmerzen des Lebens zu umgehen, wir können es nicht. Per Definition schließt uns das Leben immer mit ein: mit unserer Trauer, unserer Wut, unserer Reue und unseren

Illusionen. Unser Leiden weist auf die Wahrheit hin, die wir uns scheuen im Innersten zu akzeptieren.

2 Wie wir vor uns selbst davonlaufen

Warum lügen wir uns selbst an? Um die Gefühle zu vermeiden, die entstehen, wenn wir mit der Realität konfrontiert werden und sie akzeptieren.

Oft laufen wir vor uns selbst davon, indem wir auf das Wahrwerden unserer Fantasien warten, anstatt uns der Wirklichkeit zu stellen. Darauf zu warten, dass die wahren Gegebenheiten unwahr werden, das ist die Art und Weise, wie wir uns selbst anlügen: über die von uns geliebten Menschen, uns selbst und unser Leben. Wir leiden, weil wir die Realität bekämpfen – ein Kampf, den wir immer verlieren.

Wir sind blind für unsere eigenen Lügen. Deswegen brauchen wir Therapierende, um unsere Lügen und den Preis dafür zu erkennen. Erst dann können wir anfangen, den Wahrheiten ins Auge zu sehen, von denen wir uns zuvor abgewendet haben.

Indem wir von unseren Fantasien ablassen, können wir uns der Realität stellen. Akzeptieren wir unsere tatsächlichen Gefühle und die Wirklichkeit, können wir nicht nur zu uns selbst finden, sondern auch die Welt um uns herum so entdecken, wie sie tatsächlich ist. Wir können unsere ersten Schritte in ihr machen und die Wahrheiten entdecken, die sie uns zu bieten hat.

Leiden

Die Qualen des gefolterten Mannes sowie die seiner vergewaltigten und ermordeten Ehefrau sind grauenvoll. Nicht jedes Leben schreibt so abschreckende Geschichten, was aber noch lange nicht heißt, dass andere Geschichten weniger bewegend oder schmerzlich sind. Sie alle zeigen auf, wie uns eine Therapie von den Illusionen, die uns im Leben umherirren lassen, befreien und uns stattdessen die Realität als zuverlässige Richtschnur an die Hand geben kann.

Erkrankungen offenbaren, wie zerbrechlich unsere Gesundheit ist. Wenn der Tod uns das Leben »stiehlt«, zeigt sich, was wir besitzen: nichts. Unser Körper, unser Geist, unser Leben und unsere Lieben scheinen untrennbar zu uns zu gehören, bis unser letzter Atemzug unsere vermeintliche Eigentümerschaft als Illusion entlarvt. Die Verluste zu unseren Lebzeiten lassen unsere Fantasien schwinden und führen uns immer wieder vor Augen, dass uns alles gegeben wurde und wir doch nichts besitzen.

Verluste sind weder gut noch schlecht. Das Leben ist so, wie es ist, unabhängig von unserer Meinung darüber. Wir sind überzeugt davon, dass sich das Leben unseren Bedingungen anpassen sollte, aber es kommt mit seinen eigenen Bedingungen daher. Überrascht von der Entdeckung, dass das Leben nicht unserem Wunschdenken entspricht, verurteilen wir den Tod dafür, dass er unsere Illusion von einem Leben ohne Verluste stört. Aber egal wie sehr wir die Realität bekämpfen, sie wird immer gewinnen.[6]

Ungeachtet dessen schaffen es Krankheits- und Todesfälle nicht immer, unser Wunschdenken zu durchbrechen. Aus der Perspektive der Verleugnung heraus ist der Tod ungerecht und trifft die Menschen ungleich. Und anstatt uns der Wahrheit zu stellen, können wir uns für das entscheiden, was nicht da ist, und darauf warten, dass unsere Fantasien Gestalt annehmen und die Realität verschwinden lassen. Wenn wir unsere Illusionen aufrechterhalten, vergeht das Leben, das wir haben, während wir auf eine unrealistische Vorstellung davon warten, die jedoch nie eintritt. D.h., die Verluste unseres Lebens setzen sich aus den Verlusten zusammen, die wir uns selbst zufügen.

Der Tod ist Teil der Realität. Möglicherweise erleben wir den Tod eines Menschen, das Ende einer Ehe, einer Beziehung, einer Karriere oder eines Traums. All unsere Wünsche gebären den Tod, denn jeder Wunsch nach etwas nicht Vorhandenem ist bestimmt dazu zu sterben, sobald er auf die tatsächliche Welt trifft. Wenn die Sehnsucht nach Ewigkeit auf Vergänglichkeit trifft und wenn der Wunsch nach Unendlichkeit an seine Grenze stößt.

Eine Frau sehnte sich nach der Liebe ihres Bruders, obwohl er sie zurückgewiesen, angeschrien und sie um ihr Erbe betrogen hatte. Da sie seine Zuwendung nicht bekommen konnte, suchte sie diese bei seiner Tochter, die sie besuchte und um die sie sich kümmerte. Unerwartet untersagte er ihr eines Tages weitere Besuche. Damit brach endgültig der Damm aus Hoffnung auf eine liebevolle Verbindung, die Tränen konnten fließen und ihre Verleugnung der Realität hinwegspülen.

Ging es ihr besser, nachdem sie das Ende ihrer Fantasie betrauert hatte? (Sie hatte weiterhin Kontakt zu ihrem Bruder, wenn auch nicht mit der gewünschten Nähe.) Sie berichtete: »Ich habe noch nie so wie in unserer letzten

6 Byron Katie, *Loving What Is: Four Questions That Can Change Your Life* (New York: Three Rivers Press, 2003)

Stunde geweint. Es war schmerzlich, aber tröstend, und hinterher war ich erleichtert.«

Ich fragte: »Wie erklären Sie sich das?«

»Nach dem Weinen wurde mir klar, dass ich die Wahrheit aushalten kann. Ich habe nie an mich rangelassen, wie viele Tränen ich zurückgehalten hatte, bis sie dann geflossen sind. Ich habe es geahnt, aber immer wieder weggeschoben. Jetzt muss ich nicht mehr dagegen ankämpfen und fühle mich so erleichtert.«

Wir alle fühlen uns zu Vorstellungen hingezogen, wie wir geliebt, respektiert oder begehrt werden sollten. Unser Leiden wird nicht von diesen Fantasien verursacht, sondern von unserer *Bindung* an sie. Diese Frau hing an ihrem Wunsch nach einem liebenden Bruder, der aber so nicht existierte. Von Angesicht zu Angesicht mit einem sterbenden Wunsch können wir wie diese Frau entweder trauern, oder wir können fälschlicherweise behaupten, dass das Leben wertlos ist, wenn es doch tatsächlich unser Selbstbild ist. Die Frau erkannte, dass die Liebe zu ihrer Nichte bedeutungsvoll war. Ihr Narrativ hingegen, eine geliebte Schwester zu sein, war es nicht. Sie musste um die erlittenen Verluste trauern und auch um die Verluste, die sie sich durch das Festhalten an einem nicht existenten Bruder selbst zugefügt hatte.

Nur zu oft enttäuscht uns die Realität, wohingegen unser Wunschdenken paradiesische Freuden für uns bereithält. Wenn wir eine Therapeutin aufsuchen, verabschieden wir uns von diesen verführerischen Versprechen. Halten wir an diesen fest, vermeiden schmerzliche Gefühle und die Wahrheiten unseres Lebens, stellen sich Symptome ein. In der Therapie können wir uns den unterdrückten Gefühlen stellen und aufhören, in einer Welt zu leben, die es schon längst nicht mehr gibt.

In der Therapie können wir uns mit den Gegebenheiten unseres Alltags und den von ihnen ausgelösten Gefühlen auseinandersetzen. Wir haben die Hoffnung, dass unser Leid gelindert wird, und das kann es auch. Aber im Angesicht des Verlusts unserer Illusionen können wir versucht sein, heimlich in den Widerstand zu gehen, indem wir resignieren.

Ich: »Ich höre auf zu kämpfen, aber ich hasse dich immer noch.«

Realität: »Lass dir Zeit, nur keine Eile. Du kannst mich so lange verachten, wie du willst. Manche Menschen verbringen ihr ganzes Leben damit.«

Ich: »Du bist ungerecht.«

Realität: »Gerechtigkeit ist der Name deiner Fantasie. Und du bist überrascht, wenn ich stattdessen auftauche. Du glaubst vielleicht, dass dein Hass mich verändert und deinen Träumen wieder Leben einhaucht. Aber es ist zu spät. Deine Träume liegen schon in Scherben verstreut am Boden. Wenn du so weit bist, können wir Abschied von dem Selbstbild nehmen, das tot im Sarg liegt.«

Wie schmerzlich doch der Abschied von einem gehegten und gepflegten Selbstbild von sich selbst als geliebt, erfolgreich, bewundert und recht habend ist. In diese Selbstbilder hüllen wir uns und verstecken unser wahres Antlitz. Das Leben reißt sie uns herunter und wir weinen. Doch wir haben noch eine weitere Strategie parat, um uns an unsere Selbstbilder zu klammern; wir können Trauer als Problem ansehen, das wir durcharbeiten und überwinden müssen.

Trauern

Trauer ist allerdings kein Hindernis, eher ein Weg. Trauern wir, geben wir uns der Wahrheit hin, die alles Falsche wegspült und nur die Realität übriglässt. Wir können nicht einfach über unsere Trauer hinwegkommen, aber sie Schritt für Schritt durchqueren und dabei annehmen, was ist. In dieser Gemeinschaft müssen wir unsere Illusionen nicht mehr aufgeben, denn unsere Tränen spülen die Bindung an Fantasien hinfort, die das Leben abwehren.

Hier ein Beispiel für die heilenden Kräfte des Trauerns: Ein Mann mit selbstzerstörerischen Verhaltensweisen, der bisher noch jede Brücke hinter sich abgerissen hatte, kam verzweifelt in die Therapie. Er blickte zurück auf ein Leben voller Selbstsabotage, in dem er jede wichtige Beziehung zerstört hatte. Er sagte: »Ich muss diese Scham und Schuld loswerden.«

»Was wäre, wenn diese der Weg zur Heilung sind? Scham ist ein Signal tief aus Ihrem Inneren, dass Sie nicht die Person sind, die Sie gerne wären.

»Das stimmt«, sagte er mit feuchten Augen.

»Die Reue gegenüber den Menschen, die Sie verletzt haben, zeugt von Ihrer Liebe. Die liebevollen Gefühle, die verschüttet in Ihnen liegen und befreit werden wollen.«

»Ich glaube, ich habe nie versucht, das Beste in mir zum Vorschein zu bringen.«

»Sie müssen Ihre Scham und Schuld nicht loswerden. Sie müssen sie durchleben. Sie sind Signale, wer Sie wirklich sind, der Mann hinter der gleichgültigen Fassade.

Nicht seine Schuld und Scham verursachten sein Leiden, das taten seine Lügen. Unsere tiefsten Gefühle verletzen uns nicht, nur unser Widerstand dagegen, unser Vermeidungsverhalten. Es kann enorm schmerzlich sein, unser Leben so zu akzeptieren, wie es ist. Wir fühlen uns dem Tode nahe, wobei es unsere Fantasien sind, die dahinschwinden. So lüftet sich der Schleier zwischen den Fakten und uns selbst. Und schließlich können wir in unserem wahren Selbst zur Ruhe kommen.

In einer späteren Therapiesitzung trauerte der Mann darum, wie er seine früheren Beziehungen zerstört hatte. Er war nun in der Lage, sich selbst als fassadäre Person zu sehen, der niemand nahekommen und sie ehrlich lieben konnte. Während er seine Verluste beweinte und sich der Schuld seiner Lügen stellte, sagte er: »Ich kann Ihnen niemals genug dafür danken, dass Sie mir meine Menschlichkeit zurückgegeben haben.« In Wahrheit hatte ich sie ihm natürlich nicht zurückgegeben. Sie war die ganze Zeit da gewesen, verschüttet unter seinen Lügen.

Die universelle Sucht

Das Ausmaß unseres Leidens entspricht dem unserer Entfremdung von der Realität. Anstatt unser Leiden zu beenden, indem wir der Wahrheit entgegengehen, suchen wir Zuflucht in Essen, Arbeiten, Alkohol, Drogen und Sex und geraten dabei immer weiter vom Weg ab. Fälschlicherweise als Süchte angesehen sind sie nur die verschiedenen Gesichter unserer wahren Sucht – der Sucht, aus dem Hier und Jetzt zu flüchten. Wir wollen um jeden Preis vermeiden zu fühlen, was wir fühlen. Wir wollen nicht die Gegenwart, dafür die imaginäre Vergangenheit oder Zukunft.

Der zuvor beschriebene Mann, der den Mörder seiner Frau getötet hatte, wollte nicht fühlen, was er fühlte, oder erinnern, was er erinnerte. Aber seine Gefühle und Erinnerungen waren real. Der Mord am Mörder seiner Frau konnte diese nicht wieder zum Leben erwecken.

Wir sind abhängig von einem Rauscherleben des Nicht-Ichs und Nicht-Jetzts: die universelle Sucht. Essen, Drogen, Internet, Sex, Ruhm, Arbeit und Alkohol sind unsere Werkzeuge, mit denen wir die tatsächliche Welt verlassen und in die Welt unseres Wunschdenkens gelangen, in der die Menschen so sind, wie sie unserer Meinung nach sein sollten. Wir sehnen uns nach einer idealisierten Vergangenheit oder Zukunft, die niemals existierte. Wir können das Gestern nicht heute leben. Anstatt bewusst im Hier und Jetzt zu sein, warten wir auf das Eintreten unseres Wunschdenkens im Hier und Jetzt.

Wir stellen uns vor, wie wir in einer anderen Zeit oder an einem anderen Ort unsere innere Heimat mit Ruhe, Entspannung und Zufriedenheit finden könnten. Das süchtige Verlangen nach dem Nicht-Ich, Nicht-Hier und Nicht-Jetzt lässt uns weiter heimatlos bleiben. Wir versuchen dem Moment zu entkommen, indem wir schon beim nächsten sind. Dabei ist der aktuelle Moment die einzige Heimat, die wir jemals haben werden.

Wir jagen einer anderen Zeit, einem anderen Ort oder einer anderen Lebensweise hinterher in der Hoffnung, uns selbst zu vervollständigen, obwohl wir doch bereits vollkommen sind. Auf der Jagd nach dem, was wir wollen, lassen wir zurück, wer wir sind, und sind uns dessen nicht einmal bewusst. Was uns ganz machen würde, ist die Akzeptanz all dessen, was wir fühlen. Aber wir wollen das, was gerade vorhanden ist, partout nicht haben. Wir möchten das, was wir uns wünschen, und streben diesen Lieblingswunsch an, anstatt uns so zu akzeptieren, wie wir sind. Wir suchen nach den Fantasien, die wir uns wünschen, und sind überzeugt davon, dass das, was wir wollen, weit entfernt ist. Dabei ist alles hier, was wir wissen müssen.

Vor Dingen, die uns unangenehm sind, rennen wir weg, wehren sie ab oder beenden sie. Dadurch ignorieren wir den Leuchtturm unserer Angst. Unsere Angst leuchtet uns den Weg zu der Stelle, in die wir eintauchen müssen: in unsere Widerstände. Wenn wir das, was wir in uns fürchten, akzeptieren, dann ist die Ehe zwischen dem inneren und dem äußeren Selbst vollzogen.

Ungeachtet dessen gehen wir nur allzu oft den Menschen aus dem Weg, die intensive Gefühle in uns mobilisieren, und übersehen dabei, dass wir uns tatsächlich nur gegen unsere eigenen Gefühle wehren. So vermeiden wir zum Beispiel unsere Ehepartnerinnen und -partner, ignorieren das, was sie sagen, und warten darauf, dass sie äußern, was wir hören wollen. Diese Trennung von der Person, mit der wir tatsächlich verheiratet sind, kann jedoch zur Scheidung führen. Ein Mann mittleren Alters, saß mit Basecap, kurzen Hosen und Sandalen in meinem Büro. Er berichtete mit unbeteiligter Stimme, dass seine Frau die Scheidung wolle. Nach jahrelangem Ringen, Einzel- und Paartherapie, habe sie die Ehe aufgegeben, wohingegen er ihr noch eine Chance geben wolle.

»Ich kann es einfach nicht fassen, dass sie die Scheidung will«, sagte er.

»Ihre Ehefrau hat die Absicht gefasst, sich scheiden zu lassen. Unabhängig davon, ob Sie es fassen können oder nicht.«

»Ich verstehe einfach nicht, warum sie die Scheidung will.«

»Ihre Frau hat ihre Gründe. Unabhängig davon, ob Sie die verstehen oder nicht.«

Mit einem ungewollten Schmunzeln sagte er: »Ja, ich weiß. Aber es hat doch keinen Sinn.«

»Es muss für Sie keinen Sinn haben, damit es für Ihre Frau einen Sinn hat.«

»Ich will sie nicht aufgeben.«

»Es ist für Sie noch nicht an der Zeit, sie aufgeben zu können.«

»Ja, ich will, dass wir wieder zusammenkommen.«

»Können wir akzeptieren, dass Sie das wollen und Ihre Frau das nicht will?«

Traurigkeit deutete sich in seinem Gesicht an und er berichtete: »Vor kurzem haben wir zusammen mit den Kindern einen Ausflug gemacht und es war schön«, er zögerte kurz, »einen Tag lang.« Er zögerte etwas länger und schmunzelte wieder ungewollt: »Bis wir einen Streit hatten und sie zu mir sagte: ›Du bist wütend auf mich, stimmt's?‹ und ich erwiderte: ›Ich verachte dich.‹«

Nach diesem ersten Riss in seiner Verleugnung sagte er: »Jetzt denken Sie bestimmt, dass ich mich selbst belüge, aber ich will noch nicht aufgeben.«

Würde ich ihn auf sein Leugnen hin ansprechen, würde ich seine Überzeugung verstärken, anstatt ihn dazu zu bringen, sich bewusst gegen seine Abwehr zu wenden. Ich entschied mich dafür, ihm seine Verleugnung zu spiegeln. Mein Hintergedanke war folgender: Sobald er seine Verleugnung bei mir bemerken konnte, würde es ihm leichter fallen, diese bei sich selbst wahrzunehmen.

»Warum die Hoffnung aufgeben? Vielleicht kommt nächste Woche, nächsten Monat oder nächstes Jahr der richtige Zeitpunkt? Vielleicht ist es wichtig, weiter dranzubleiben.«

Seufzend brachte er hervor: »Ja. Ich meine, es gibt unsere Kinder und sie hat nicht durchdacht, wie es mit ihnen funktionieren soll.«

»In Anbetracht dessen, dass Sie gemeinsame Kinder haben, Ihre Frau das noch nicht durchdacht hat und Sie aufgefordert, hat im November auszuziehen, sollten Sie jetzt vielleicht noch nicht aufgeben.«

Das Schmunzeln verschwand von seinem Gesicht und er seufzte: »Schon vor vielen Jahren wollte sie keinen Sex mehr mit mir haben. Sie meinte, dass wir zusammenbleiben könnten, aber ohne Sex. Dabei ist mir Sex total wichtig.«

»Obwohl sie keinen Sex mehr mit ihnen haben möchte und die Scheidung einreichen will, sollten Sie die Hoffnung vielleicht noch nicht aufgeben.«

»Als wir uns kennengelernt haben, war sie so süß und liebevoll.«

»Was für ein Verlust! Warum würden Sie das süße Mädchen verlassen, dass so liebevoll für Sie da ist?« Sein Gesicht errötete, während er wegschaute, Tränen liefen über seine Wangen und durch die größer werdenden Risse in seiner Verleugnung.

Die Trennung verursachte seine schmerzlichen Gefühle, und seine Weigerung, die Tatsachen anzuerkennen, war der Grund für sein Leiden. Er sprach seiner Ehefrau die Gefühle ab, die sie hatte, und schadete so ihrer Ehe. Anstatt seiner Frau zuzuhören, hörte er auf seinen Wunsch. Kein Wunder, dass sie die Scheidung wollte; er hatte sich doch schon längst von ihren Gefühlen und Worten scheiden lassen und stattdessen seine Verleugnung geheiratet. War diese Beziehung schuld daran, dass seine Frau keinen Sex mehr mit ihm haben wollte? Er wartete darauf, dass die Frau, die auf die Scheidung bestand, sich wieder in eine liebende Ehefrau verwandelte. Indem er darauf wartete, dass sein Wunsch in Erfüllung ging, kehrte er seiner wirklichen Frau mehr und mehr den Rücken zu. Er bestrafte sie, weil sie nicht seiner Fantasie entsprach, und nutzte Schuldgefühle, um sie zu zwingen, die Frau zu werden, die er wollte. Schließlich verließ die Ehefrau den Mann, der sie schon lange für eine Fantasie verlassen hatte.

Als er das leugnete, was seine Frau wollte, hätte ich mit ihm streiten können, wodurch der Konflikt aber scheinbar zwischen ihm und mir bestanden hätte. Stattdessen spiegelte ich ihm seine Verleugnung, wodurch er seinen inneren Konflikt zwischen Verleugnung und Realität wahrnehmen konnte. Dadurch war er dann in der Lage, seine schmerzlichen Gefühle zu erleben. Er schloss die Augen, konnte damit aber nicht die Trennungsentscheidung seiner Frau verschwinden lassen.

Der einzige Weg, seine Frau zum Überdenken ihrer Entscheidung zu bewegen, wäre es, ihre Gefühle und Worte ernst zu nehmen. Sie hatte keinen Grund, ihm zuzuhören, wenn er nur auf sein Leugnen hörte statt auf sie. Er könnte sein Leiden selbst beenden, indem er mit seiner Ehefrau in Beziehung träte, anstatt darauf zu warten, dass sie sich in eine andere Person verwandelt. Er realisierte nicht, dass sein Verhältnis mit dem Idealbild einer Ehefrau nur eine imaginäre Beziehung war.

Er verleugnete die Realität, um den Gefühlen aus dem Weg zu gehen, die diese auslöste. Was ihn das kostete? Seine Ehe! Ihren Scheidungswunsch zu ignorieren, konnte seine Frau nicht von der Trennung abhalten.

Weglaufen: die geographische Heilung

Nur selten laufen wir vor äußeren Problemen davon, meistens versuchen wir vor den Gefühlen in unserem Herzen zu flüchten. Wir verwechseln die Furcht vor unserem Innersten mit der Furcht vor unserer Umgebung. Wir versuchen vor unseren Problemen wegzulaufen: Dabei handelt es sich um die geographische Heilung, aber wir können uns nicht aus unserem Leben herausnehmen. Wohin wir auch gehen, unsere Gefühle folgen uns wie unser Schatten überallhin. Wovor wir in unserem Inneren auch davonlaufen, es greift immer nach unserer Liebe. Aber anstatt zu ergreifen, was nach uns greift, laufen wir weg und weigern uns, uns hinzusetzen und auszuruhen und uns durch unsere Gefühle verwandeln zu lassen.

Obwohl wir Therapie als »Gesprächskur« bezeichnen, können wir mit Worten ebenso die Gefühle vermeiden, denen wir uns dringend stellen müssten.[7] Eine junge Frau saß in meinem Büro und redete über ihre Gefühle hinweg. Ich unterbrach sie und fragte, ob sie sich ihres hohen Sprechtempos bewusst sei.

»Ich rede immer so«, sagte sie.

»Sie reden über Ihre Anspannung und Gefühle hinweg. Was fühlen Sie, wenn wir hinter Ihre Wörter schauen?«

»Aber ich habe so viel zu erzählen.«

»Ja, und können wir achtsam sein und Ihre Gefühle spüren?«

Ihr Gesicht füllte sich mit Trauer und sie sagte: »Ich fühle mich nervös.«

»Welches zugrundeliegende Gefühl macht Sie nervös?«

Sie begann zu schluchzen.

Sobald wir aufhören, über unsere Gefühle hinwegzureden, können sie ins Bewusstsein aufsteigen und von uns angenommen werden. Wir suchen in der Ferne nach einer Heilung und übersehen dabei, dass wir immer die richtige Erfahrung in uns haben: unsere Erfahrung im Hier und Jetzt, die wir gleichsam nicht wollen, vor der wir flüchten.

Auf unserer Jagd nach Erfüllung, verlieren wir eine wichtige Erkenntnis. Bäume wachsen nicht von jetzt auf gleich. Wir ziehen nicht an Knospen, um sie zum Blühen zu bringen. Und Blumen fordern nie, anders oder gar weiterentwickelt zu sein. Es braucht die Lebenskraft, um die Knospe erblühen zu lassen. Haben Sie jemals eine Rose genommen, eine besonders schöne, in eine Vase gestellt und ihr mehrere Tage beim Verblühen zugeschaut? Sie verändert sich, büßt dabei aber nie ihre Schönheit ein, selbst wenn das letzte Blütenblatt neben der Vase auf dem Tisch liegt.

Wir sind viel komplexer als eine Blume. Gefühle offenbaren uns, und wenn wir unsere Gefühle ablegen, schneiden wir uns von den Tiefen unserer Seele ab. Selbst wenn uns die Worte für diesen Verlust fehlen, spüren wir ihn. Entscheiden wir uns stattdessen, das Unbehagen unserer Gefühle auszuhalten,

7 Obwohl Freud bekannt dafür ist, dass er vorgeschlagen hat, der Patient solle »sagen, was ihm in den Sinn kommt«, ist vielen Therapeuten nicht bewusst, dass Freud 1923 eine seiner wichtigsten Abhandlungen schrieb, in der er darauf hinwies, dass Patienten dies nicht tun können. In der Tat verbringen sie die meiste Zeit damit, von dem *weg*zureden, was wichtig ist. Dies führte zu einer wesentlichen Veränderung in seiner Arbeit: Er konzentrierte sich auf die Abwehrmechanismen – die Lügen, die wir uns selbst erzählen, um den Schmerz in unserem Leben zu vermeiden.

können wir uns selbst hinter all den Wörtern, Ausflüchten und Erklärungen finden. Schaffen wir es, unseren Wissendurst bei gleichzeitigem Unwissen auszuhalten, während wir langsam zu unserer vollen Blüte reifen?

Was wird passieren, wenn wir uns einer anderen Person öffnen? Wir können nicht wissen, zu was wir heranreifen werden, ob die Beziehung aufblühen wird, wie sich das Leben entfalten wird. Können wir das Unwissen über unsere Zukunft ertragen?

Um zu heilen, müssen wir unsere Angst akzeptieren, uns einer bisher unbekannten Person zu offenbaren, und auch die Angst davor, zu dem Menschen zu werden, der wir sein könnten. Wir suchen Therapierende auf, um unsere Persönlichkeit zu entfalten, um uns zu verändern und um zu entdecken, wer wir selbst sind – und zwar unabhängig von den Vorstellungen, die andere von uns haben, von den Vorstellungen, an die wir selbst glauben, und von den Vorstellungen, die wir verkörpern, ohne uns dessen bewusst zu sein. Nicht nur die Therapie ist Neuland für uns. Wir selbst sind bisher unerforschtes Neuland, dessen Potential nie ausgelotet wurde.

Wie können wir Suchtkranke verurteilen? Sind wir doch selbst abhängig davon, unsere Gefühle nicht auszuhalten und nicht zu sein, wer wir sind. Wir berauschen uns an imaginären Selbstbildern, imaginären Bildern von anderen Personen und imaginären Gefühlslagen: den wahren Drogen.

Zum Glück für unsere Entwicklung taucht stattdessen das Leben auf. Ewig treu, erhebt es sich jeden Tag aufs Neue, um gesehen und akzeptiert zu werden. Damit löst es unsere Gefühle aus sowie unseren Widerstand gegen das, was ist. Die Realität lädt uns ein, uns mit der Außenwelt wiederzuvereinigen.

Die Therapierenden sprechen eine ähnliche Einladung aus: »Wollen Sie sich selbst kennenlernen und akzeptieren, damit Sie heilen können?«

»Ich will nicht ich sein. Ich bin abhängig von der Vorstellung, wer ich werden will.«

»Ihre Abhängigkeit ist nicht das Problem. Ihre Abhängigkeit zu akzeptieren ist der nächste Schritt auf dem Weg zur Erfüllung, die Sie sich ersehnen. Wir müssen Sie so akzeptieren, wie Sie sind.«

»Ich hatte gehofft, mich von meiner Abhängigkeit trennen zu können.«

»Nein, Sie hatten gehofft, sich von Ihrem Innenleben und von der der äußeren Realität trennen zu können, aber die beiden sind für immer mit Ihnen verheiratet.

Die universellen Lügen im Leben und der Therapie

Wir müssen uns selbst belügen, um unser Innenleben und unsere äußere Realität loszuwerden. Diese Lüge jedoch ist anders, universell und sogar unsichtbar für uns: Es handelt sich um einen Abwehrmechanismus, oder auch Vermeidungs- bzw. Neutralisierungsverhalten genannt. Um es mit den Worten des Psychoanalytikers Donald Meltzer zu formulieren: Abwehrmechanismen sind Lügen, die wir uns selbst erzählen, um Schmerz zu vermeiden.[8]

Die betrogene Ehefrau eines untreuen Mannes forderte: »Er hätte das nicht machen sollen!« (Lüge: Die Realität sollte nicht die Realität sein). Ein Mann, der als Kind körperlich von seinem Vater misshandelt wurde, sagte: »Ich bin froh, dass mein Vater mich geschlagen hat. Das habe ich verdient.« (Lüge: Ich rede mir ein, dass nur die Liebe für meinen Vater existiert, aber nicht die Wut auf ihn.). Eine Frau, deren Ehemann sie verlassen hatte, sagte, dass er zurückkommen würde. (Lüge: Wenn ich die Realität verschweige, verschwindet sie).

Stellen Sie sich eine Frau vor, die sich in ihren Beziehungen distanziert hatte und einsam, isoliert und depressiv zurückblieb. Ich fragte sie: »Wie fühlen Sie Ihrem Mann gegenüber, der eine Affäre hat?« Sie antwortete: »Ich fühle mich leer.«

Ohne es zu realisieren, log sie sich selbst und auch mich an. Kann ich eine Beziehung zu einer leeren Frau aufbauen? Oder sollte ich sie darauf hinweisen, wie sie sich hinter einer Fassade der Leere versteckt? Glaube ich ihre Lüge? Der Schmerz muss nur stark genug sein: Dann hat jeder von uns schon einmal vorgegeben, innerlich leer zu sein, obwohl wir randvoll mit Gefühlen waren. Niemand von uns kann andere Menschen dafür verurteilen, ihre wahren Gefühle zu verbergen.

Sie machte sich selbst leer und forderte mich damit auf, eine leere Beziehung zu einer leeren Frau aufzubauen. Als Reaktion darauf, egal ob als Freundinnen, Freunde oder Therapierende, müssen wir einen Fakt akzeptieren: Sie log. Sie hatte Gefühle, einfach weil wir immer Gefühle haben. Sie versteckt diese nur vor anderen Menschen. Warum?

Als Kinder klammern wir uns an einen Elternteil, mit dem wir die Wahrheit nicht teilen können.[9] Wenn wir unsere Gefühle mitteilen, teilen wir unser wahrhaftiges Erleben im aktuellen Moment mit. Wenn der Elternteil nun

---

8 Donald Meltzer, *Studies in Extended Metapsychology: Clinical Applications of Bion's Ideas* (London: Karnac Press, 2009).

9 John Bowlby, *Attachment and Loss,* 3 Bände (New York: Basic Books, 1976–1983).

ärgerlich oder ängstlich-angespannt reagiert, sobald wir einem Gefühl Ausdruck verleihen, lernen wir, unsere Gefühle zu verbergen, um eben diese Reaktion zu vermeiden und die Beziehung zu erhalten. Die oben beschriebene Frau lernte vorzugeben, dass ihre Gefühle verschwunden wären. Mit der Zeit wurde diese Sprache des Verbergens so selbstverständlich wie ihre Muttersprache. Das Problem dabei ist nur, dass unsere Gefühle nicht verschwinden, auch wenn wir sie verstecken.

Die engen Beziehungen dieser Frau hatten ihr in der Vergangenheit Schmerzen bereitet. Da ihre Mutter sich von ihr distanziert hatte, distanzierte sie sich nun von ihren eigenen Gefühlen und von mir. Ihr Problem, das Distanzieren, ist gleichsam ihr Geschenk an uns: Sie zeigt uns im Hier und Jetzt, wie sie in der Vergangenheit von anderen verletzt wurde. Auf diese Weise offenbaren Blockaden gegen Liebe alte Wunden, die noch geheilt werden müssen.

Sie erwartete von mir, dass ich die leere Beziehung mit ihr akzeptieren würde, die sie als Kind hinnehmen musste. Hätte ich aber ihre »Leere« in Kauf genommen, hätten wir eine leere Beziehung gehabt. Anstatt die von ihr offerierte, schädliche Beziehung zu akzeptieren, bot ich ihr eine heilende an. Auf ihre Aussage hin, sich leer zu fühlen, erwiderte ich: »Sie sagen, dass Sie sich leer fühlen, und laden mich zu einer Beziehung mit einer leeren Frau ein. Dann hätten wir eine leere Beziehung. Sie errichten eine Mauer der Leere zwischen uns. Welche Gefühle kommen mir gegenüber in Ihnen auf, die Sie dazu veranlassen, diese Mauer zwischen uns zu errichten?«.

»Ich bin mir nicht sicher, ob ich mit Ihnen arbeiten möchte.«

Sie drohte mir zu gehen, wenn ich ehrlich zu ihr war – so, wie ihre Mutter ihr gedroht hatte. Als Reaktion darauf sagte ich: »Es klingt so, als ob Sie auf meine Aussage reagieren. Wie fühlen Sie mir gegenüber?«

Wenn Menschen mit Drohungen auf unsere Ehrlichkeit reagieren, könnten wir einer Auseinandersetzung aus dem Weg gehen, indem wir ihrer Lüge zustimmen. Akzeptieren wir die Lüge, geraten wir in Konflikt mit der Wahrheit. Dabei sollte doch die Lüge in Konflikt mit der Realität kommen. Nehmen wir sie hin, lassen wir den Menschen im Stich.

Als ich sie nach ihrem Gefühl fragte, antwortete sie: »Ich glaube nicht, dass ich ein Gefühl habe. Ich meine, ich könnte jetzt irgendwas sagen, aber das wäre nicht wahr.«

»Stimmt. Sie laden mich dazu ein, mit einer imaginären Person eine unwahre Beziehung aufzubauen. Das ist die Mauer, die Sie zwischen uns errichten. Welches Gefühl haben Sie mir gegenüber, das Sie dazu bringt, diesen vermeintlichen Schutzwall einer unwahren Person zu errichten?«

Im Verlauf der Therapie zeigt sich oft, dass Menschen als Kinder folgende Botschaft erhielten: »Lüge, und ich werde dich lieben. Sage die Wahrheit, und ich werde dich verlassen.« Wenn nicht explizit in Worten ausgedrückt, dann implizit über das Verhalten. Als Reaktion darauf mag das Kind seine Integrität, Ehrlichkeit und sogar seine geistige Gesundheit für die Liebe seiner Eltern opfern, die es zum Überleben braucht. Viele von uns führen ein Leben, das diese zerstörerische Botschaft verkörpert.

Ob als Therapierende oder Freundinnen und Freunde, wir sollten die folgende Botschaft vorleben: »Weil ich mich um dich kümmere, werde ich ehrlich zu dir sein. Wenn du mich beschämst, werde ich dein Schamgefühl nicht übernehmen. Du wirfst mir vor, dich zu verletzen, aber deine Lügen verletzen doch nur dich. Wahrheit, als Labsal für die Seele, wird dich nie beschädigen. Aber die Falschheit, die versteckt, wer du wirklich bist, vergiftet deine Seele.«[10]

Wir alle lügen. In dem Moment, in dem wir mit jemandem eine engere Beziehung eingehen möchten, stehen wir vor der uralten Frage: »Kann ich dir erzählen, was andere nicht ertragen konnten? Oder muss ich verstecken, was ich fühle?« In der Vergangenheit mussten wir eine Lüge leben. Die Therapeutin lädt uns nun ein, unsere Lügen zurückzulassen, damit wir gemeinsam die Wahrheit leben können.

Liebessucht oder Sucht nach Verleugnung?

Wir laufen vor unseren Gefühlen weg, aber wir können der Person, die wir sind, nicht entkommen. Noch können wir dem entkommen, was im Hier und Jetzt passiert, außer durch unsere Imaginationskraft. Doch wenn wir den Verlust einer alten Liebe hinnehmen müssen, kann eine imaginäre Liebe verführerisch sein.

Ein Mann kam in die Therapie, um sich von seiner Exfreundin zu lösen. »Mir ist klar, dass es mir wehtut, weiter an ihr zu hängen, aber ich kann einfach

10 Für diejenigen, die sich über den Gebrauch des Wortes »Seele« wundern, empfehle ich Bruno Bettelheims Buch *Freud and Man's Soul.* Bettelheim beschreibt, wie Freud das Wort »Seele« verwendete, um sich auf die Tiefen der menschlichen Person zu beziehen, wer wir hinter den Worten sind, das Unbekannte und das noch zu Erkennende. Tatsächlich kommt das Wort »Psychoanalyse« in Freuds Werk nicht vor. Der Begriff, den er verwendete, war *Seeleanalyse*, Analyse der Seele.

nicht endgültig mit ihr abschließen. Ich will die Hoffnung nicht aufgeben, dass sie mich doch noch will.« Er hielt kurz inne und fragte sich dann: »Vielleicht bin ich süchtig nach ihr.«

Ja, er war süchtig. Aber nicht nach ihr, sondern nach seiner Verleugnung. Er hätte der Tatsache ins Auge sehen können, dass sie ihn verlassen hatte. Stattdessen interagierte er mit seiner Fantasie: »Sie wird zurückkommen.« Um seine schmerzlichen Gefühle als Reaktion auf die Trennung abzuwehren, verleugnete er die Realität und versuchte, in seinem Wunschdenken zu leben.

Sein Suchtmittel war nicht seine Exfreundin. Sie war verschwunden. Er war abhängig von seiner *Fantasie:* von einer imaginären Frau, die ihre Worte zurücknehmen, zu ihm zurückkommen und glücklich bis ans Ende ihrer Tage mit dem Mann leben wollte, den sie verlassen hatte.

»Ich will sie zurück«, sagte er.

»Sie wünschen sich die Freundin zurück, die Sie verlassen hat. Wer hätte nicht lieber eine liebevolle Freundin als eine, die einen abweist? Warum nicht weiter daran glauben?«

»Ich weiß, dass es nichts bringt, ihr nachzuhängen.«

Um ihm dabei zu helfen, sein unlogisches Wunschdenken zu erkennen, führe ich ihm dieses vor. So war er in der Lage, es außerhalb seiner selbst zu hören und zu sehen. »Wenn Sie sich nur lange genug an einen Menschen klammern, der Sie eigentlich ablehnt, dann wird er Sie eines Tages wieder akzeptieren. Was gibt es daran auszusetzen?«

»Ich will nicht auf sie warten. Ich kann aber nichts dagegen machen.«

»Sie können nichts dagegen machen, die Fantasie in ihren Gedanken haben zu wollen anstatt ihrer abweisenden Freundin. Es ist wichtig, die Frau zu lieben, die sie zurückweist. Können wir das akzeptieren?«

»Ich will die Möglichkeit nicht aufgeben, dass sie mich immer noch will.«

»Sie wollen die Möglichkeit nicht aufgeben, dass sie sich in eine andere Person verwandelt.«

»Die Erinnerungen an die guten Zeiten sind so schmerzlich.«

»Nein. Die Erinnerungen zeigen Ihnen wieder und wieder, dass Sie vergeblich auf eine Frau warten, die Sie verlassen hat. Das vergebliche Warten auf etwas, das vorbei ist, ist schmerzlich für Sie.«

Als sie ihn abgewiesen hatte, wies er die Realität von sich und wartete darauf, dass sie ihn zurücknahm. Warteten wir aber darauf, dass das Universum Dinge nach unserer Art macht, hätten wir besser 10 000 Leben zur Verfügung. Während er mit nach oben gestrecktem Daumen neben der Straße stand und auf eine Wunschvorstellung, die nie wahr werden sollte, wartete, fuhr das Leben an ihm vorbei. »Die Realität ist schmerzlich, aber Verleugnung ist gefährlich.«[11] Warten wir auf das Leben, welches wir wollen, verlieren wir das Leben, welches wir haben. Indem wir uns der Realität eines Verlusts stellen, können wir betrauern, was vergangen ist, und akzeptieren, was uns geblieben ist.

Im Rausch der Begierde nehmen wir an, dass die Fakten anders sein könnten, als sie es im Hier und Jetzt sind. Dieser Mann war nicht süchtig nach Liebe, sondern nach einer Freundin, die es gar nicht gab, die ihre Handlungen rückgängig machen, die Zeit zurückdrehen und ein Leben im Liebesglück mit ihm fortsetzen würde. Verleugnung war die Droge seiner Wahl.

Optimale Hoffnungslosigkeit

Als Droge unserer Wahl ist Verleugnung nutzlos. Egal wie sehr wir das, was passiert, verleugnen, es geschieht trotzdem. Warum? Verleugnung ist ein Gedanke. Kann ein Gedanke die Realität vorhersagen? Kann ein Gedanke ersetzen, was im Hier und Jetzt ist? Kann ein Gedanke Fakten verschwinden lassen? Manchmal scheint es den Versuch wert zu sein, insbesondere dann, wenn beispielsweise ein Ehemann seine Frau ausnutzt.

Die Frau war wütend, weil ihr Ehemann sich nicht mehr an den Haushaltskosten beteiligte und auch seinen Ehering nicht mehr trug. Sie erzählte mir, dass sie das Geld zum tausendsten Mal ansprechen wollte, sich aber keine Hoffnung mehr machte.

»Das hat Sinn. Würden Sie mir zustimmen, dass es wirklich hoffnungslos *ist*, das Thema ein weiteres Mal anzusprechen?«

»Ich kann es einfach nicht glauben, dass er seinen Anteil an den Kosten nicht bezahlt.«

»Das ist okay. Sie müssen es nicht glauben, damit es so ist.«

»Das verstehe ich nicht.«

»Sie verstehen die Realität nicht.«

»Ich hoffe immer noch darauf, dass er sich ändern wird.«

»Sie hoffen immer noch darauf, dass die Realität ihres Ehemanns sich ändern wird.«

»Sollte er nicht selbst für seine Kinder zahlen wollen?«

»Sollte er nicht genau so sein, wie Sie ihn gerne hätten?«

---

11 Persönliche Mitteilung von Cindy Leavitt.

»Das wäre schön.«

»Ja, wäre es. Wir können uns wünschen, dass es wahr wäre, aber das ist es nicht. Wir können uns über das aufregen, was nicht mehr existiert, aber wir können auch einen anderen Weg einschlagen.«

»Okay, ich verstehe schon. Ich muss mich der Realität stellen.«

Darauf zu hoffen, dass die Realität zur Fantasie wird, ist keine Hoffnung, sondern Verleugnung. Das Leben prallt auf unsere Illusionen und zeigt dabei, dass Widerstand gegen Fakten zwecklos ist. Diese Frau war kein hoffnungsloser Fall, noch war es ihr Ehemann. Ihre Täuschung war es jedoch. Wir brauchen niemanden oder uns selbst aufzugeben, wohl aber eine hoffnungslose *Fantasie.* Alsdann ist unser Leiden beendet. Sie musste also aufhören, darauf zu warten, dass ihr Ehemann sich in ihre Fantasie verwandelt, um sich selbst von ihrem Leiden zu erlösen.

Wir wüten und erhoffen uns damit, dass das Leben sich unseren Wünschen entsprechend verwandelt. Davon bekommen wir Halsschmerzen. Das Leben aber existiert weiter wie bisher. Sobald wir akzeptieren, dass unsere Wünsche Fantasie sind, können wir uns in optimaler Hoffnungslosigkeit ausruhen: Wir erkennen, dass es hoffnungslos ist, darauf zu warten, dass die Wahrheit unwahr wird.

Wenn wir auf die imaginären Angebote unserer Illusionen verzichten, können wir uns dem öffnen, was das Leben wirklich zu bieten hat. Wie es der Philosoph Ernst Bloch formulierte, kann realistische Hoffnung entstehen, wenn wir nach der Hand greifen, die uns entgegengestreckt *wird.*[12] Wenn wir unsere Hand nach der Realität ausstrecken, fühlen wir Hoffnung für das tatsächlich Mögliche. In diesem Moment scheinen wir über uns selbst hinauszuwachsen, wohingegen Hoffnung an sich uns nicht über uns selbst hinauswachsen lässt. Hoffnung offenbart das mögliche Wachstum, das außerhalb unserer Fantasien existiert, nämlich das innere Wachstum, welches wir selbst sind, aber vergessen hatten.

Die Therapeutin hilft uns dabei, die Lügen zu erkennen, die uns so geblendet hatten, dass wir hoffnungslos waren; so können wir erkennen, was real ist, dies anstreben und unsere Hoffnung wiedererlangen. In dem Moment, in dem wir den Pfad der Verleugnung verlassen, sind wir wieder in der Lage,

12 Jeder Mensch, der sich für die Hoffnung interessiert, sollte Ernst Blochs *The Principle of Hope* lesen. Denn was tun wir anderes, als den Menschen zu helfen, den hoffnungslosen Weg zu sehen und den hoffnungsvollen zu finden? Siehe dazu auch den Epilog von Erich Fromms *Anatomy of Human Destructiveness* für seine großartige Diskussion über den Unterschied zwischen Optimismus als entfremdeter Hoffnung und echter Hoffnung, die auf einer nüchternen Einschätzung der Realität beruht.

den Weg des Möglichen einzuschlagen. Wir müssen die Hoffnung auf hoffnungslose Fantasien aufgeben, um die realistische Hoffnung auf das wiederzufinden, was real ist.

Ich halte das nicht aus!

Anstatt zu akzeptieren, was ist, und unsere Illusionen verschwinden zu lassen, fordern wir das Leben auf zu warten, bis wir es »im Griff haben«. Beispielsweise behaupten wir, dass »dies zu viel ist«, wir »noch nicht bereit sind« oder dass »das, was passiert ist, nicht hätte passieren sollen«.

Ein Geschäftsmann empörte sich: »Ich halte das nicht aus! Sie wusste genau, was sie getan hat, und es war falsch von ihr.« Er hatte seine Ehefrau und deren Beschwerden ignoriert. Danach ging sie fremd.

Wir sagen, dass wir etwas nicht aushalten, aber wir können es aushalten. »Ich halte das nicht aus!« meint eigentlich »Ich will das nicht aushalten!« – Wer will das schon?

Das Leben scheint sich gegen uns zu wenden. Aber da wir das Leben sind, können wir uns nicht davon trennen. Das Leben schließt uns mit ein. Was sich »gegen das Leben wendet«, ist unsere Überzeugung, dass das Leben unserer Fantasie entsprechen sollte.

Unsere Überzeugungen werden immer den Kürzeren ziehen, da das Leben unseren Befehlen nicht gehorcht. Es mag zu viel für uns erscheinen, aber das ist es nicht. Das Leben ist zu viel für unsere Überzeugungen und zerschlägt diese – wenn wir Glück haben. Während sie zerbrechen, denken wir fälschlicherweise, dass wir zusammenbrechen. Dabei lösen sich aber nur unsere Fantasien, die sich als unsere Essenz ausgeben, in Nichts auf.

Und wer wäre besser dazu geeignet, unsere Wunschvorstellungen zu zerschlagen, als ein Kind, das nicht unseren Hoffnungen entspricht. Eine Mutter hatte es nicht geschafft, ihr Kind ausreichend vor dem misshandelnden Vater zu schützen. Als Erwachsener erpresste der Sohn die Mutter, ihn finanziell zu unterstützen, indem er behauptete, dass *seine* Probleme *ihre* Schuld wären. Er setzte sie immer wieder unter Druck, bis sie schließlich einknickte und mehr Geld herausrückte. Als ich der Frau aufzeigte, wie ihr Sohn sie erpresste, wie sie versuchte, seine Vergebung zu kaufen, und wie ihr Angebot, »Frieden zu kaufen«, den Krieg finanzierte, sagte sie: »Das bringt mich um.«

»Nein. Das bringt Ihre Illusionen um.«

Sie nickte, schürzte ihre Lippen und brach in Tränen aus. »Aber ich will nicht, dass unsere Beziehung Schaden nimmt.«

»Wie könnten Sie etwas verletzen, dass es nicht mehr gibt?«

Sie ging eine Beziehung mit dem imaginären Sohn ein, den sie wollte, und nicht mit dem realen Sohn, den sie hatte. Weiterhin wünschte sie sich, dass er eine Beziehung mit ihr eingehen würde und nicht mit der abgespaltenen Vorstellung, die er auf sie projizierte. Er betrachtete sie als eine böse Person, die es verdient hatte, bis in alle Ewigkeit zu leiden, und bis zum Tod Reparationen zahlen sollte. Sie befürchtete, dass die gute Beziehung, die sie sich ersehnte, Schaden nähme. Aber diese gab es ja gar nicht und hatte es schon seit Jahrzehnten nicht mehr gegeben. Er sah ein Abbild und nicht sie. Sie sah ein Abbild und nicht ihn, da sie sich nach einem liebevollen Sohn sehnte, nach dem Sohn, der verschwunden war.

Wenn wir unsere Illusionen ziehen lassen, können wir die Wahrheit leben, die wir zuvor fürchteten. Als diese Frau es aufgab, auf den Sohn zu warten, den sie haben wollte, versuchte sie nicht länger, seine Liebe zu kaufen, und liebte stattdessen den realen Sohn, den sie hatte. Die Erpressungen hörten auf.

Bevor wir unsere toten Hoffnungen begraben, mögen wir noch einen weiteren Protest erheben. »Warum passiert das nur?«, Übersetzung: »Warum sucht die Realität gerade mich heim?«. Das Leben flüstert: »Warum nicht? Ich passiere auch allen anderen. Es ist nichts Persönliches.«

Nehmen Sie mich als Beispiel. Ich habe früher immer gesagt: »Ich werde nie krank.« Dann wurde bei mir Krebs diagnostiziert. Meine Fantasie, zuvor als Fakt angesehen, wanderte in den psychischen Mülleimer. Ich brach nicht zusammen, mein Gedanke tat das. Die Tumore mussten nicht in meine Gedanken passen, um in meinem Körper zu wachsen.

Wir sagen: »Ich verstehe nicht, warum mir das passiert«, und das ist in Ordnung. Was immer auch passiert, es braucht nicht unser Verständnis. Es existiert, ob wir es nun begreifen oder nicht. Wir nehmen die Fakten nicht wahr und versuchen, mit dem Universum zu verhandeln. Dabei hoffen wir darauf, dass das Leben zu uns sagt: »Du verstehst es nicht? Gut. Ich werde nicht auftauchen, bis du so weit bist.«

Eine Möglichkeit, gegen die Fakten anzukämpfen, ist es, unsere Ehepartnerinnen und -partner nicht verstehen zu wollen und immer wieder Erklärungen von ihnen zu fordern, bis wir ihr Verhalten begreifen. Eine Frau ärgerte sich und fragte ihren Ehemann: »Warum verbringst du so viel Zeit damit, online Schach zu spielen?«

»Es macht mir Spaß.«

»Das hat doch keinen Sinn. Das ist reine Zeitverschwendung. Es ist nicht produktiv.«

»Sieh mal, ich habe meine Aufgaben im Haushalt erledigt, jetzt habe ich Freizeit. Es macht mir Spaß. Wann lässt du mich endlich in Ruhe?«

»Sobald du mich davon überzeugt hast, dass es eine gute Idee ist.«

Es war nicht seine Aufgabe, sie davon zu überzeugen, dass er etwas mochte, was sie nicht mochte. Die Ehefrau versuchte ihren Mann unter Druck zu setzen, indem sie ihn nicht verstand. Sie hoffte darauf, dass er sagen würde: »Du verstehst mich nicht? Okay. Ich höre auf, ich selbst zu sein, bis du verstehst, dass ich ein Recht darauf habe, nicht du zu sein.«

Sie ließ ihn wissen: »Wie kann ich dich so manipulieren, dass du dasselbe willst wie ich? Wenn ich dich beherrschen kann, habe ich keine Probleme mehr.« Diese Strategie wird immer scheitern, da es in jedem Falle Unterschiede geben wird. Wir wollen den ganzen Menschen mit Ausnahme der Anteile, die wir nicht mögen. Aber zum Ganzen gehören alle Teile.

Unsere Partnerinnen und Partner werden niemals zusammenschrumpfen, um unserem Verständnis zu entsprechen, noch werden sie emporwachsen, um unseren Fantasien zu genügen. Warum? Die Realität ist allumfassend und enthält also auch unseren Wunschvorstellungen, wohingegen Fantasien dazu *geschaffen* sind, die Realität *auszuschließen*. Wir erkennen nicht, dass wir einen Umstand ändern wollen. Einen Umstand, der weiterhin existiert, zum Beispiel, dass ein Ehemann gerne Schach spielt. Da wir unseren Fantasien treu sind, vermeiden wir, uns dem zu stellen, was hier ist.

Eine Frau stritt sich immer wieder mit ihrem Versager von Ehemann, der sich weigerte, nach einem Job zu suchen. Jahrelang warf sie ihm sein Verhalten vor. Innerlich genoss sie es sogar sehr, für ihre Töchter für »das Gute zu kämpfen«. Was erreichte sie mit ihrem Kampf? Sie lebte ihren Töchtern vor, wie man bei einem Partner, der einen vernachlässigt, bleibt, auf eine Veränderung seinerseits wartet, sich über die ausbleibende Wandlung beklagt und stolz auf die eigene Entscheidung ist, dabei zu leiden: das Heldentum des Masochismus.

Wir fordern andere Menschen und das Leben dazu auf, sich unseren Anforderungen entsprechend zu verändern, und sie ändern sich wirklich. Aber nicht nach unserem Plan, sondern nach ihrem eigenen. Wenn sie sich nicht unseren Ansprüchen gemäß wandeln, können sich unsere Illusionen entweder auflösen, oder wir können umso energischer an ihnen festhalten. Verschwinden unsere Illusionen, fühlen wir Schmerzen.

Während wir den Verlust unserer Träume ertragen, brauchen wir nicht stark zu sein. Wir müssen nur stillhalten, ohne wegzulaufen, während die

Wahrheit das Falsche verbrennt.[13] Hoffnungen, Gedanken und Ideen sind die unzähligen Motten, die in den Flammen des Lebens verglühen.

Wir versuchen zu kontrollieren, was ist, aber sind dabei wie eine Welle, die versucht, den Fluss des Lebens anzustoßen. Der Fluss ist noch da, nachdem die Welle am Ufer ausgelaufen ist. Wir versuchen das zurückzuweisen, was ist, aber es kann uns nicht ablehnen. Es nimmt uns immer wieder in die Arme, egal wie sehr wir uns herauswinden mögen. Können wir die Umarmung der Realität akzeptieren und sie erwidern?

Widerstand = Leiden

Wenn wir das Leben annehmen, können wir dem Schmerz nicht ausweichen. Er ist unvermeidlich. Wir werden alles verlieren, was wir besitzen, und alle Personen, die wir lieben – vor dem Tod oder spätestens im Moment des Todes.

Leiden hingegen ist selbst gewähltes Leid. Wird unser Herz gebrochen, können wir mit Abwehr reagieren, den Lügen, die wir uns selbst erzählen, um dem Schmerz zu entgehen, den das Leben mit sich bringt. Aber unsere Abwehrmechanismen – die Art und Weise, wie wir der Realität aus dem Weg gehen – verursachen noch mehr Leid. Wir stoßen das, was passiert, und die daraus resultierenden Gefühle von uns weg. »Ich bin nicht wütend, nur enttäuscht«, »Ich kann es einfach nicht glauben«, »Das kann sie nie im Leben ernst gemeint haben«. Doch das Leben holt uns immer wieder ein.

Erinnern Sie sich noch an die halluzinierende Frau, deren Ehemann sie verlassen hatte? Sich *seinem* Betrug und dem daraus resultierenden Schmerz zu stellen war noch der einfachere Teil. Im Verlauf der Therapie deckten wir auf, dass sie sich jahrelang über sein Verhalten ihr gegenüber beschwert und darauf gewartet hatte, dass er jemand anderes werden würde.

Am schwierigsten war es aber, sich damit zu konfrontieren, wie sie ihren Ehemann jahrelang zurückgewiesen und ihm Vorwürfe gemacht hatte, weil er nicht so war, wie sie ihn haben wollte. Tatsächlich führte sie die Ehe nicht mit ihm, sondern mit dem Abbild, wie ihr Mann ihrer Meinung nach sein sollte. Sie hatte sich also schon vor Jahren von ihrem Mann geschieden, ohne sich dessen bewusst zu sein. Indem sie darauf wartete, dass er sich in jemand anderen verwandelte, vernachlässigte und bestrafte sie sich selbst und bezeichnete das

13 Dag Hammarskjold, *Markings* (New York: Alfred Knopf, 1964)

als Loyalität. Dabei wollte sie nicht wahrhaben, dass die Treue gegenüber dem Unwirklichen gleichzeitig ein Verrat an sich selbst war.

Anfangs dachte sie, dass er grausam ihr gegenüber gewesen sei. Später erkannte sie ihre eigene Grausamkeit ihm und sich selbst gegenüber. Ihre Aufgabe war es, die Umstände zu akzeptieren: Er hatte sie verlassen, sie aber hatte ihn, sich selbst und ihre Gefühle verlassen.

Es ist schwer, Verantwortung für das *von uns geschaffene* Leben zu übernehmen, wenn es doch so leicht ist, das Opfer zu spielen: »*Sie* haben mein Leben geschaffen.« Wie süß, rein und selbstgerecht klingt das Sirenenlied der Opferrolle, während es uns aus dem Fluss des Lebens herauslockt. Wir steigen in eine Unterwelt herab, in der andere schlecht sind, wir gut sind und alles ganz klar ist. In unseren Fantasien verloren vergessen wir, wer wir sind: der Ort, an dem sich unsere Illusionen ausbilden.

Mit der beruhigenden Gewissheit der Opferrolle *wissen* wir, was sie gemacht haben, *warum* sie es gemacht haben und was sie tun *sollten.* Dieses ganze »Wissen« scheint so einfach, wahr und offensichtlich zu sein, dabei handelt es sich doch nur um unsere Vermutungen, beheimatet in der Fantasiewelt, die wir uns in unserem Hirn erträumen. Tatsächlich können wir die Tiefen einer anderen Person niemals zur Gänze ausloten. Da unser Verständnis von anderen immer nur inkomplett und bruchstückhaft ist, stellt unser »Wissen« in jedem Fall eine Lüge dar: ein Blatt, das vorgibt, ein Baum zu sein.

Wir geben dem Universum unsere Anweisungen mittels »sollte«. Wir erzählen Menschen, wie sie unserer Meinung nach sein *sollten*, aber der Kosmos nimmt uns nicht wahr; er geht seinen eigenen Weg – nicht unseren. Das Leben stößt immer wieder mit unserem »Sollte« zusammen: mit unserer Fantasie davon, wie wir uns das Leben wünschen würden.

Wenn wir statt des Lebens das erwarten, was wir wollen, fühlen wir uns vom Leben zum Opfer gemacht. Wir sind uns nicht bewusst, dass wir unser eigenes Leiden erschaffen. Eine depressive Frau, die wütend auf ihren Ehemann war, erzählte, dass er gefühllos, unbedacht und grausam sei. Ich fragte nach einem Beispiel. Unter Tränen beschrieb sie mir, wie ihr Mann ihr während des Liebesspiels seine Faust rektal eingeführt und ihr damit unerträgliche Schmerzen zugefügt hatte. Entsetzt fragte ich genauer nach und war dann erneut erschüttert. Ihr Ehemann hatte sie im Verlauf des Liebesspiels um Erlaubnis gefragt, ihr seine Faust in den Anus einzuführen, und sie hatte zugestimmt.

»Er hat mir seine Faust in den Anus eingeführt und es tat weh«, sagte sie.

»Er hat Ihnen seine Faust in den Anus eingeführt. Stimmt das?«

»Ja, das habe ich Ihnen doch geschildert.«

»Darf ich Ihnen eine andere Perspektive anbieten?«

»Ja, okay.«

»Er hat Sie gefragt, ob er Ihnen seine Faust in den Anus einführen darf. Habe ich das richtig verstanden?«

»Ja.«

»Sie hätten nein sagen können, haben aber ja gesagt.«

»Er wollte sicher nicht, dass ich nein zu ihm sage.«

»Okay. Stattdessen haben Sie nein zu sich selbst gesagt.«

»Oh.«

»Sie haben ihm gesagt, dass er Ihnen seine Faust rektal einführen könne. Tatsächlich haben *Sie* sich seine Faust selbst eingeführt, weil Sie ihm die Erlaubnis dazu gegeben haben. Aber sie werfen ihm Ihre Entscheidung vor. Sie haben nein zu sich selbst gesagt und werfen ihm Ihre eigene Entscheidung vor. Können Sie sehen, was ich meine?«

»So habe ich es noch nicht gesehen.«

»Wenn wir es so betrachten, wie haben Sie ihm gegenüber gefühlt, als er Sie fragte, ob er Ihnen seine Faust in den Anus einführen kann?«

»Ich mochte die Idee nicht.«

»Und Ihr Gefühl ihm gegenüber?«

»Ich war wütend.«

»Sie waren wütend auf ihn. Und dann sind Sie mit Ihrer Wut so umgegangen, dass Sie diese gegen sich selbst gerichtet haben, indem Sie ihn dazu eingeladen haben, Ihnen wehzutun.«

»Ich habe vergessen, dass ich wütend auf ihn war.«

»Okay. Sie waren wütend auf ihn, haben ihre Wut vergessen und diese dann gegen sich selbst gerichtet, indem Sie ihn aufgefordert haben, Ihnen wehzutun. Es ist fast so, als ob Sie ihn dazu eingeladen hätten, Sie zu bestrafen, weil Sie wütend auf ihn waren.«

»Und später habe ich ihn noch dazu aufgefordert, mich für das selbstgekochte Abendessen zu kritisieren.«

»Ja, Sie haben ihn praktisch dazu aufgefordert, Sie wieder für Ihren Ärger zu bestrafen. Kann es sein, dass die Person, die grausam mit Ihnen umgeht, Sie selbst sind?«

Sie war überzeugt davon gewesen, dass *er* grausam war, dass *er* einfühlsamer und dass *er* umsichtiger hätte sein sollen. Aber indem sie ihn dazu aufgefordert hatte, ihr wehzutun, war sie grausam, uneinfühlsam und nicht umsichtig sich selbst gegenüber gewesen. In dieser Opferhaltung forderte sie ihn auf, sie zu lieben, während sie es gleichzeitig ablehnte, sich selbst zu lieben. Diese Strategie war zum Scheitern verdammt, da *seine* Liebe niemals *ihren* Selbsthass auslöschen konnte.

Bricht unsere Opferhaltung zusammen, können wir erkennen, wie wir uns selbst zum Opfer gemacht haben, und die Trauer kann fließen und somit offenbaren, wer wir sind.

Anstatt unsere Fantasien aufzugeben, kann es sein, dass wir irrtümlich Abstand von unserem Leben nehmen. Eine Frau in einer missbräuchlichen Beziehung fragte: »Soll ich meinen Ehemann aufgeben?«

»Nein, aber Sie möchten vielleicht Ihre Selbstbestrafungen aufgeben.«

»Also soll ich mich verändern?«

»Es geht nicht darum, ob Sie sich verändern sollen, sondern darum, ob Sie sich verändern möchten.«

»Sollen« ist eine verborgene Gewalt, eine innere Richtlinie, das zu tun, was wir nicht tun wollen, das zu fühlen, was wir nicht fühlen, und zu sein, wer wir nicht sind. Es mag tatsächlich am besten sein, wenn wir im Hier und Jetzt akzeptieren, dass wir die Realität zurückweisen und noch etwas länger an unseren Illusionen festhalten wollen.

Wir können uns an unsere Täuschungen klammern, indem wir unsere Ehepartner und -partnerinnen dazu auffordern, sich in unsere Lieblingsvorstellungen zu verwandeln. Eine Frau in ihrer zweiten Ehe beschwerte sich über die Gewohnheiten ihres Mannes, fernzusehen, DVDs zu kaufen und Zeit mit ehrenamtlicher Arbeit zu verbringen. Sie gestand ein, dass er ein guter Ehemann war, versuchte aber weiterhin, ihn davon zu überzeugen, dass seine Hobbys falsch seien. Diese Vorhaltungen waren mit der Zeit so weit eskaliert, dass der Ehemann mit Scheidung drohte, also noch etwas, was er *nicht* hätte tun *sollen.*

»Wie kann ich ihm klar machen, dass er einen Fehler macht, wenn er seine ganze Zeit damit verbringt, am Wochenende Fußball zu schauen?«, fragte sie.

»Er schaut gerne Fußball. Warum sollte er nicht mögen, was er mag?«

»Schauen Sie Fußball?«

»Nein. Er schaut gerne Fußball. Warum sollte er es also nicht mögen, Fußball zu schauen?«

»Weil es Zeitverschwendung ist.«

»Wer sagt das?«

»Ich.«

»Okay. Da es für Sie Zeitverschwendung ist, sollten Sie nicht Fußball schauen. Da er es aber genießt, sollte er es tun.«

»Aber ich ertrage es einfach nicht.«

»Vielleicht hat er ja recht. Wenn Sie ihn nicht ertragen, wie er ist, sollten Sie ihn ziehen lassen. Dann kann er eine Frau finden, die ihn so liebt, wie er ist.«

»Ich gebe auf.«

»Das hat Sinn. Entweder geben Sie Ihren Wunsch nach einem Mann auf, der nur will, was *Sie* wollen, oder Sie geben Ihren Ehemann auf. Sie können die Scheidung nicht vermeiden. Entweder trennen Sie sich von Ihrer Fantasie der Seelenverwandtschaft mit Ihrem Mann, oder er wird sich von Ihnen trennen. Denn ich wette, es gibt eine Frau, die ihn trotz seines Wunsches, sonntags Fußball zu schauen, liebt.«

Sie wollte ihren Mann kontrollieren, damit er zu dem Bild eines Ehemannes in ihrem Kopf passte. Nur können wir die Realität niemals beherrschen, und diese stimmt nie mit den Bildern in unserem Kopf überein. Erst wenn wir unseren Fantasien abschwören, verbinden wir uns mit dem, was ist. Bis es so weit ist, flüstert uns das Leid, das wir durch unsere Widerstände verursacht haben, zu: »Du verlierst dich in deinen Fantasien, komm nach Hause.«

Auf dem Tisch tanzen

Anstatt uns eine schmerzliche Wahrheit bewusst zu machen, versuchen wir dieser vielmehr zu entfliehen. Während eines Abendessens, das nun schon Jahre zurückliegt, fragte eine Bekannte von mir ihren Ehemann, meine Ehefrau und mich: »Wenn ihr einen Wunsch frei hättet und alles in der Welt haben könntet, was würdet ihr euch wünschen?« Wir überlegten eine Weile und antworteten. Als sie an der Reihe war, sagte sie: »Ich habe kein Bedürfnis mehr, auf dem Tisch zu tanzen, seitdem ich analysiert wurde.«

Ihre Antwort verwirrte mich einen Moment lang, bis mir klar wurde, was sie meinte. Sie spielte das Spiel nicht, das sie begonnen hatte. Wir hatten unsere Wünsche offenbart, sie nicht. Dann kam uns plötzlich die beunruhigende Erleuchtung: Sie war der Überzeugung, dass ihre Psychoanalyse sie von ihrer Neurose befreit und ihre alte Persönlichkeit ersetzt hatte. Wir hatten Wünsche, sie angeblich nicht. Ich war ärgerlich, dass sie uns reingelegt hatte, aber auch besorgt ob ihres Verlangens, geläutert, d.h. langweilig, zu sein.

Sie stellte sich vor, dass sie sich davon befreien musste, wer sie war, um dann zu werden, wer sie sein wollte. Als Seelenverwandte zeigte sie mir auf, was auch ich von der Therapie wollte! Stattdessen müssen wir aber unsere Wunschvorstellung von uns aufgeben, um die Präsenz zu sein, die wir tatsächlich sind.

Obwohl Therapierende Psychotherapie manchmal als moderne »Technologie« betrachten, meint das Wort »Psychologie« ursprünglich das Studium der Seele. Wie konnte es passieren, dass sich ihr Studium der Seele in die

Verachtung derselben verkehrte? Leider realisierte sie nicht, dass wir unser inneres Chaos akzeptieren und nicht ausmerzen müssen, um zu heilen.

Wenn ein Mann gesteht, dass er ein Gelegenheitsdieb war, sollte ich ihn dafür verurteilen oder ihn zusammen mit der Person dahinter akzeptieren? Kann ich es zulassen, dass ein Ladendieb mich emotional berührt und bewegt? Kann ich in mir selbst ein Verlangen entdecken zu stehlen? Was wäre, wenn er mir Aspekte meines Selbst aufzeigt, denen ich mich nicht zu stellen wage?

Heilung tritt ein, wenn wir unsere Tiefen lieben, egal wie chaotisch und pathologisch sie sein mögen. Rufen wir uns diesen Witz in Erinnerung: Was ist Psychotherapie? Ein großes Chaos trifft auf ein kleineres Chaos. Unsere rohe Verletzlichkeit dem Leben gegenüber wird niemals verschwinden. Unsere Aufgabe ist es nicht, unsere Menschlichkeit zu eliminieren, sondern diese anzunehmen, und das können wir oft bewerkstelligen, indem wir die Menschlichkeit anderer annehmen.

Was verdamme ich in mir selbst, wenn ich deine Menschlichkeit ablehne? Deine Makel sind die Spiegel, in denen ich mich selbst sehe. Wenn ich in dich hineinschaue, kann ich deine »Defekte« akzeptieren, also das, was ich bei mir selbst ablehne? Sobald ich das tue, entdecken du und ich eine trennende Linie weniger zwischen uns. Mit jedem Ja machen wir einen Schritt weiter auf die Tiefen der anderen Person zu, die letztendlich unsere eigenen sind.

Null Negativität

Bei einer Konferenz beschrieb ein Vortragender seine Zielstellung für Ehen: Null Negativität – eine Beziehung ohne jegliche Konflikte. Ich mag Science-Fiction auch, aber Konflikte sind Bestandteil unseres Lebens. Wir alle haben widersprüchliche Sehnsüchte in uns selbst und untereinander. Wir tragen immer unterschiedliche Sehnsüchte in uns, weil ich nicht Du bin und Du nicht ich. Das ist kein Problem, so sind wir geschaffen.

Ich erzählte einem Freund, dass null Negativität die Fantasie sei, in die Gebärmutter zurückzukehren. Er korrigierte mich. Selbst dort finden wir Negativität vor: Der Fetus nimmt die von der Mutter eingenommenen Medikamente auf, und die Mutter ist beim Geburtsvorgang erschöpft. Wir sehnen uns nach idyllischen, nichtexistenten Formen der Nähe ohne Konflikte.

Wünsche ich mir, dass mir jeder zustimmt? Ja. Tritt das ein? Nein. Ist das negativ? Nicht für meine Entwicklung. Trete ich aus mir selbst heraus und lasse mein Bild des Anderen (meine geheimen Ansprüche an andere) ziehen, lerne ich Menschen so zu akzeptieren, wie sie tatsächlich sind. Das ist der erste Schritt hin zur Liebe.

Wir sehnen uns nach einer Welt, in der alle miteinander auskommen und in der der Löwe und das Lamm sich zusammen hinlegen. Was für eine wunderschöne Geschichte! Wenn stattdessen das Leben auftaucht, werden wir wütend: »Das, was ich gerne wollte, ist nicht eingetreten!« Wir wünschen uns eine imaginäre Welt, um die reale Welt zu vermeiden. Wir sehnen uns nach Partnerinnen und Partnern, die wollen, was wir wollen, nach Gruppen, die kooperieren, und nach Kolleginnen und Kollegen, die mit uns übereinstimmen: »Sei nicht der, der du eigentlich bist. Sei so, wie ich dich haben will.« Wir vergleichen das, was passiert, mit dem, was unserer Meinung nach geschehen sollte, und versuchen, in unsere Wünsche zu entfliehen.

Unser Bedürfnis nach null Negativität offenbart ein negatives Denkmuster in uns selbst. Will ich keinen Konflikt, will ich dich nicht. Gibt es Platz für dich *und* mich? Gibt es Platz in mir für deine Wahrheit? Wenn das Universum Positivität *und* Negativität akzeptiert hat, warum tun wir es dann nicht?

Ich mache einen Spaziergang. Ich sehe die Sonne, den Mond und die Sterne. Schaue ich zu Boden, bemerke ich Hundekot an meinem Schuh. In der Therapie schauen wir in uns selbst hinein und entdecken dort eine Landschaft, die ebenso inklusiv ist.

Wir wurden chaotisch geschaffen, versuchen aber, alle Anteile von uns abzulehnen, die nicht zu dem passen, was wir wollen. Entscheiden wir uns dazu, nur das Gewünschte zu akzeptieren und den Rest abzulehnen, verurteilen wir Bestandteile unserer selbst zum Tode. Wir versuchen, uns selbst von negativen Aspekten zu befreien, um den reingewaschenen Bildern in unserem Kopf zu entsprechen. Das ist keine Liebe, sondern Hass auf das Leben. Versuchen wir das Leben zu transzendieren, lehnen wir es ab.

Um null Negativität anzustreben, müssen wir das Negative in uns selbst ablehnen. Ein Priester vertraute mir seinen Selbsthass an. Ich fragte: »Ihrer Theologie entsprechend schuf Gott Sie doch nach seinem Ebenbild. Stimmt das?« Er nickte. »Und Gott liebt Sie Ihrer Ansicht nach?« Er nickte. »Da Gott Sie nach seinem Ebenbild geschaffen hat und Sie liebt, hätte es dann nicht auch Sinn, es ihm gleichzutun, indem Sie sich selbst lieben?« Seine Augen füllten sich mit Tränen.

3 Die Weigerung zu akzeptieren

Nachdem wir uns mit den Gründen beschäftigt haben, warum wir uns selbst belügen, können wir uns jetzt genauer anschauen, wie wir uns selbst täuschen und die Realität verzerren. Anstatt unsere Lügen loszulassen und uns der Wahrheit zu stellen, die dahinter verborgen ist, weigern wir uns oft, die Wahrheiten unseres inneren und äußeren Lebens zu akzeptieren. Wir werden untersuchen, wie wir die Teile der Realität ignorieren, die wir nicht wahrhaben wollen – wie wir uns ihnen widersetzen, sie verdrängen oder gar versuchen, sie zu ändern. Jede dieser Lügen schafft auf ihre eigene, gefährliche Weise Leiden und resultiert in verschiedenen Formen der Blindheit.

Die Therapierenden werden nicht mit unseren Abwehrmechanismen kollaborieren, sondern uns aufzeigen, wie diese unser Leiden verursachen. Dann können wir die Wahrheiten unseres Innenlebens (unsere Gefühle, Gedanken und Wünsche) und unseres äußeren Lebens (die Realität) akzeptieren. Diese Aufgabe, niemals einfach und immer schmerzlich, wird erst erträglich, wenn wir sie gemeinsam bewältigen.

»Du zwingst mich doch immer wieder dazu!«

Was wäre, wenn die Verweigerung, unser äußeres Leben zu akzeptieren, die Weigerung widerspiegelt, unser Innenleben anzunehmen? Wenn wir uns anderen in den Weg stellen, stehen wir uns vielleicht auch selbst im Weg. Was ist, wenn ein äußerer Konflikt einen inneren Krieg widerspiegelt?

Manche Menschen suchen vielleicht Streit mit uns, um einem inneren Konflikt aus dem Weg zu gehen. Hier ein Beispiel: Ein arbeitsloser Mann betrat mein Büro, lehnte sich im Stuhl zurück, legte seine Arme auf den Lehnen ab und wartete darauf, dass ich beginnen würde. Ich sagte: »Mir fällt auf, dass Sie mich erwartungsvoll anschauen.«

»Sie sind der Therapeut. Was soll ich machen?«

»Sie sollen nichts machen. Woran *wollen* Sie für *Ihren* Nutzen arbeiten?«

»Wenn ich die Antwort darauf wüsste, wäre ich nicht hier. Ich habe keinen Job und suche auch nicht nach einem neuen. Und meine Frau nörgelt rum, dass ich zuhause bleibe und am Computer spiele.«

»Ich habe gehört, dass Ihre Frau rumnörgelt, aber wobei möchten *Sie* meine Hilfe?«

»Keine Ahnung. Ich vertraue mir selbst nicht mehr. Ich habe schon andere Therapien gemacht, aber nichts hat funktioniert. Ich habe das Gefühl, dass ich machen muss, was Sie mir sagen, damit es mir besser geht.«

»Wenn Sie machen, was ich will, werden Sie besser darin, vor anderen zu kuschen und sich selbst unglücklich zu machen.«

»Genau, das meine ich! Ich wollte nicht herkommen, aber ich mache mir Gedanken, wozu Sie mich zwingen werden.«

»Ich kann Sie zu nichts zwingen. Ich kann Fragen stellen, und Sie können sie beantworten oder nicht. Es klingt danach, dass Sie sich selbst zu einer Therapie zwingen, obwohl Sie keine machen wollen.«

»Ich muss mich dazu zwingen, eine Therapie wäre gut für mich. Sie würden sagen, dass ich ohne eine Therapie keine Fortschritte mache.«

»Sie misstrauen Ihrem Nein zu einer Therapie und versuchen sich mir unterzuordnen.«

»Ich betrachte Ihre Einladung als Zwangsmittel, mit dem Sie mich nötigen.«

Ich kann Sie nicht zwingen, etwas zu tun, was Sie nicht tun wollen. Nur *Sie* selbst können sich zu etwas zwingen. Kennen Sie dieses Verhaltensmuster von sich? Sich selbst dazu zu bringen, etwas zu tun, was Sie eigentlich gar nicht wollen?«

»Ja, die ganze Zeit.«

»Ist es schwer, auf Ihr Nein zu hören?«

»Ich vertraue keiner meiner Aussagen.«

»Das stimmt nicht. Sie trauen Ihren Gründen, sich unterzuordnen, aber nicht Ihrem Nein. Sie misstrauen sich selbst und versuchen stattdessen, sich auf mich zu verlassen.«

»Ja, das stimmt.«

»Sie hören nicht auf Ihr Nein. Das ist wichtig, denn ein Nein mir gegenüber kann ein Ja Ihnen gegenüber sein. Sie sagen ja zu anderen, aber nein zu sich selbst.«

»Richtig.«

»Aber in der Therapie würden Sie so nur besser darin werden, sich unterzuordnen. Die Therapie würde Ihnen schaden.«

»Deswegen habe ich meiner Frau gesagt, dass ich keine Therapie will.«

»Sie sollten sich nicht der Therapie unterwerfen, denn das wäre Sklaverei, keine Therapie.«

»Witzig, dass Sie das sagen. In meinem letzten Job war ich ein Sklave und sage seitdem immer nein.«

»Ich bezweifle, dass Sie nein zur Arbeit gesagt haben. Vielmehr haben Sie nein zu der Sklaverei gesagt, die Sie sich unter Arbeit vorgestellt haben. Da Sie sich gefügt haben, wussten Sie nicht, wie Sie vermeiden konnten, dass die Arbeit zur Sklaverei wird. Genau wie hier.«

»So habe ich das bisher noch nicht gesehen.«

»Möchten Sie, dass ich Ihnen dabei helfe, nicht mehr zu kuschen und nicht mehr ja zu dem zu sagen, was Sie nicht wollen?«

Können wir zu anderen nicht nein sagen, sind wir auch nicht in der Lage, zu uns selbst ja zu sagen. Wir ordnen uns anderen unter und machen sie dann für unsere Entscheidung verantwortlich, ohne uns dessen bewusst zu sein, dass wir uns damit selbst im Stich lassen. Um unsere Wünsche zu akzeptieren, müssen wir unser Nein anderen gegenüber hören. Das ist das innere Ja zu uns selbst, insbesondere dann, wenn wir unser Nein nicht verstehen.

Psychosirup

Nicht nur Patientinnen und Patienten, sondern auch Therapierende können sich weigern, die Fakten zu akzeptieren. Vor vielen Jahren litt ein wundervoller Kollege von mir an der psychiatrischen Fakultät in Washington, Morris Parloff, an einer Allergie. Nicht an einer Pollenallergie, sondern an einer Allergie auf unangebrachte Empathie. Nehmen wir einmal an, dass ein Mann ein Telefonat mit seiner Frau beschreibt, in dem er ihr überhaupt nicht zugehört und sie als »lächerlich« bezeichnet hatte, bis sie schließlich abrupt auflegte. Als der Mann sich nun ereifert, dass seine Frau einfach so aufgelegt hat, sagt seine Therapeutin: »Das muss belastend für Sie gewesen sein.« Morris nannte diese Reaktion der Therapeutin »Psychosirup«, eine Form von Pseudoempathie.

Als Therapierende oder Freundinnen und Freunde sollten wir Empathie für den Menschen aufbringen und nicht für die Verhaltensweisen, die sein Leben ruinieren. Wenn wir ihn darin bestärken, wie er seine Frau abweist, machen wir uns wir machen uns gemein mit seinen Vorwürfen und seiner Verleugnung und unterstützen ihn darin, seiner Ehe zu schaden. So wird er nicht erkennen können, wie er seine Frau abweist und die Ehefrau *erschafft*, die den Hörer abrupt auflegt. Pseudoempathie für Abwehrmechanismen ermutigt zur Selbstzerstörung, anstatt sich in den Mann einzufühlen, der seine Ehe zerstört.

Er mag es für empathisch halten, wenn wir seiner Opferhaltung zustimmen, aber tatsächlich verlängern wir damit sein Leiden. Wenn wir uns um ihn kümmern wollen, sind wir ehrlich, selbst wenn er wütend wird. Auf diese Weise bemerkt er, dass wir ihm und nicht seiner Selbstsabotage den Rücken stärken.

Sind wir ehrlich, mag er uns vorwerfen: »Sie hören mir nicht zu!« Unsere Antwort transportiert die Botschaft: »Nein, ich höre Ihnen zu, nicht Ihrer Lüge. Wenn Sie ignorieren, wie Sie Ihre Ehefrau abweisen und abblitzen lassen, belügen Sie sich selbst. Würde ich darauf hören, würde ich Ihnen nicht zuhören, sondern Sie im Stich lassen. Ich weiß, dass das schmerzlich ist. Aber ich würde Ihnen dies nicht sagen, wäre ich nicht überzeugt davon, dass Sie stark genug sind, sich dem zu stellen.« Wir unterstützen nicht die Lüge, sondern die Person, die sich dahinter verbirgt.

Das Aussprechen der Wahrheit befreit ihn von seiner Lüge. Sympathisieren wir mit seiner Lüge, lassen wir zu, dass er in ihr gefangen bleibt. Als ich einem Geschäftsmann beschrieb, wie er seine Ehe zerstörte, wurde er wütend und rief aus: »Sie greifen mich persönlich an.«

»Ich greife Sie nicht an. Ich beschreibe Ihr Verhalten. Habe ich Sie angegriffen oder greifen Ihre Ablehnung und Ihre Vorwürfe Ihrer Frau gegenüber Sie selbst und Ihre Ehe an?«

»Ich habe gedacht, dass Sie sich kümmern, aber Sie tun es nicht.«

»Sollte ich Sie unterstützen oder das zerstörerische Verhaltensmuster, das Ihre Beziehung tötet? Habe ich Ihre Erlaubnis, Sie darauf hinzuweisen, wenn Sie sich selbst wehtun, oder möchten Sie, dass ich still dasitze und zusehe, wie Sie Ihre Ehe ruinieren?«

Er drohte mir zu gehen, wenn ich ihn nicht in Ruhe lassen würde: »Wenn Sie weiter darüber reden, breche ich die Therapie ab.«

»Okay. Ich kann Sie nicht davon abhalten, die Therapie abzubrechen, wenn Sie nicht hören wollen, was ich sage. Wenn das, was ich sage, nicht zutrifft, sollten Sie die Therapie beenden. Was wahr ist, wird wahr bleiben, egal, ob Sie gehen oder nicht. Die Wahrheit begleitet uns immer, und wir können sie nicht hinter uns lassen. Ich könnte Sie anlügen, wie es andere machen, aber ist das wirklich die Beziehung, die Sie haben wollen? Warum würden Sie sich selbst die Heilung verwehren wollen, nach der Sie sich so sehr sehnen?«

Tief in unserem Inneren sehnen wir uns nach Ehrlichkeit, selbst wenn wir nach einer Lüge verlangen. Psychosirup bedeckt Lügen mit Pseudoempathie; Psychotherapie deckt auf, was sich dahinter verbirgt. Wissen ist Nahrung für die Seele[14], Lügen sind Gift für sie. Egal ob in der Therapie oder in unseren intimsten Beziehungen, unsere Lügen heilen niemanden, egal wie viel Sirup

14 Der *Protagoras*-Dialog von Platon: Hippokrates: »Und was, Sokrates, ist die Nahrung der Seele?« Sokrates: »Gewiss, sagte ich, ist Wissen die Nahrung für die Seele.«

wir darüber gießen. Sagen uns andere die Wahrheit, erinnern sie uns daran, wer wir sind, wen wir vergessen hatten und wen wir finden wollen.

Die Rückkehr des verstoßenen Selbst

Wir vermeiden es weiterhin, uns selbst im Spiegel anzuschauen, indem wir die Wahrheiten unseres Lebens anderen Personen zuschreiben. Wir schreiben ihnen unsere Wünsche zu und warten darauf, dass sie sich danach richten. Nach Wünschen, die unsere eigenen sind, was wir aber abstreiten. Zum Beispiel begann ein Mann seine Therapiesitzung mit den Worten: »Ich habe nichts für die Arbeit heute.«

»Okay«, antwortete ich. Und wartete.

Er wurde immer unruhiger in seinem Stuhl und platzte schließlich heraus: »Was denken Sie denn, woran ich arbeiten sollte?«

»Das weiß ich nicht.«

»Aber Sie müssen doch eine Idee haben.«

»Nein.«

»Warum nicht?«

»Sie sind hergekommen, stimmt's?«, fragte ich.

»Ja.«

»Und Sie werden nicht grundlos hergekommen sein.«

»Ja, aber mir fällt nichts für die Arbeit heute ein.«

»Okay. Ein Mann ohne ein psychologisches Problem kommt in die Praxis eines Psychotherapeuten.«

Er rutschte in seinem Stuhl hin und her, seufzte dann und gab zu: »Na ja, meine Frau will die Scheidung. Wahrscheinlich denken Sie, dass ich mich damit beschäftigen sollte.«

»Nur Sie können wissen, ob Sie sich mit Ihrer Scheidung beschäftigen sollten.«

Schwer seufzend sagte er: »Wenn ich es nicht tue, wird sie mich verlassen, und das will ich nicht.«

Bis wir die Wünsche in unserem Herzen wahrnehmen können, sehen wir sie in den Herzen anderer. Dieser Mann stellte keine Beziehung zu mir her. Er interagierte mit seinem Wunsch, den er mir zugeschoben hatte. Anschließend widersetzte er sich *meinem* Wunsch, dass er eine Therapie machen sollte, oder distanzierte sich davon.

Solange er seine Gefühle abwehrte, indem er sie sich wegwünschte und mir zuschob, konnte er nicht das fühlen, sich dem nicht stellen und das nicht sehen, was in ihm selbst war. Solange er dachte, dass *ich* es war, der wollte, dass er in der Therapie arbeitet, konnte er nicht sehen, woran *er* arbeiten wollte. Anstatt sich den Wünschen in ihm selbst zu stellen, untersuchte er die Wünsche, die er in mir vermutete.

Diese Strategie funktioniert eine Zeit lang: Andere Menschen scheinen unsere Gefühle und Sehnsüchte zu haben. Dann nimmt das Leben seinen Lauf. Eine geliebte Person verlässt uns, unsere Vorgesetzten kritisieren unsere Arbeit oder ein Kind lässt uns seinen Trotz spüren, und unsere projizierten Gefühle kehren mit voller Wucht zurück. Warum?

Die von uns projizierten Gefühle wandern vorübergehend zu anderen Menschen, *aber nur in unserer Vorstellung.* Tatsächlich leben sie in uns.

Wir können unser Innenleben auf andere Personen oder Gegenstände projizieren. Beispielsweise sah ein Mann Augen in Büschen und Bäumen, die ihn anstarrten, egal wo er entlanglief. Die halluzinierten Augen erfüllten seinen Wunsch, von einer entfernten Mutter gesehen und erkannt zu werden, die ihn in seinem ersten Lebensjahr verlassen hatte. So viel Sehnsucht und Herzschmerz befand sich in den Ästen über ihm.

Wann immer wir unsere Gefühle verstoßen, entsenden wir sie mittels Projektion und fordern sie dazu auf, in anderen Personen zu existieren. Nimmt das Leben seinen Lauf oder kommen wir denen nahe, auf die wir projizieren, spüren wir wieder die Gefühle, von denen wir überzeugt waren, dass sie in diesen Menschen steckten. Es ist, als ob unsere Gefühle wieder nach Hause kommen, nachdem sie in anderen Menschen gelebt haben.

Der Mann, der vorgab, nicht zu wissen, woran er arbeiten wolle, war ängstlich-angespannt. Er fragte sich, was ich von ihm wollte, ohne jedoch dabei zu erkennen, dass er auf seinen Wunsch reagierte, den er *in mir vermutete.* Meine Anwesenheit mobilisierte den verleugneten Wunsch in ihm selbst. Er dachte, dass ich die Gefühle in ihm *erschuf,* dabei *triggerte* meine Gegenwart seine Gefühle und Wünsche, nämlich die fehlenden Teile, die versuchten, ihn wieder ganz werden zu lassen.

Tatsächlich kann uns niemand unsere eigenen Gefühle zurückgeben, da sie uns niemals verlassen; ihre »Reise« findet nur in unserer Vorstellung statt. Sobald wir nicht mehr von imaginären Gefühlen und Wünschen anderer Menschen fantasieren, akzeptieren wir die Gefühle, von denen wir dachten, dass sie draußen wären, die in Wirklichkeit aber drinnen sind, in uns selbst.

Das Leben triggert unsere verstoßenen Gefühle, und ängstliche Anspannung ist ihr Bote. Ängstliche Anspannung ist das Geräusch, was entsteht, wenn diese Gefühle an die Tür unseres Herzens klopfen: ein trauriges Kind, ein wütendes Kind oder ein hilfloses, das uns fragt: »Kann ich reinkommen? Wirst du mich lieben?«

Stattdessen weisen wir die Gefühle zurück, die in uns aufsteigen, und geben diese an eine andere Person weiter. Vielleicht handelt es sich dabei um die Partnerin oder den Partner, ein Kind, eine Freundin oder einen Freund oder die Chefin oder den Chef. Aber wir müssen jemanden finden, der wütend, beschränkt, selbstbezogen oder kritisch ist: Diese Eigenschaften wollen wir nicht in uns selbst wahrnehmen. Nachdem wir unsere Gefühle in andere Personen verbannt haben, distanzieren wir uns von ihnen, analysieren sie, verurteilen sie und bestrafen sie sogar.

Wie erkennen wir die Eigenschaften, die wir in uns selbst verleugnen und anderen zuschieben? Unsere Moralurteile, Beschwerden und typischen Denkmuster über Menschen sind die Spiegel, in die wir schauen können, um uns selbst zu sehen. Die Wesenszüge, die wir bei anderen verurteilen, lehnen wir bei uns selbst ab. Wir beschweren uns, dass andere uns verletzen, um uns nicht der Tatsache stellen zu müssen, dass wir uns selbst verletzen. Wir ignorieren bei uns selbst, worauf wir bei anderen besonders achten.

Was wäre, wenn wir heirateten, um der Partnerin oder dem Partner unsere Probleme vorwerfen zu können? Ein verheirateter Mann lud mich einmal ein, eine telepathische Therapie mit seiner abwesenden Ehefrau durchzuführen: »Meine Frau hat ein Problem mit Intimität«, sagte er.

»Fällt Ihnen auf, dass Sie mich dazu einladen, auf die Probleme Ihrer Frau einzugehen, anstatt auf Ihre?«

»Sie hat Probleme.«

»Das mag sein. Aber fällt Ihnen auf, dass Sie mich einladen, mich auf Ihre Frau zu konzentrieren und nicht auf Sie?«

»Ja.«

»Wenn Sie mich einladen, meine Aufmerksamkeit auf Ihre Frau zu konzentrieren, fordern Sie mich dazu auf, Sie zu ignorieren.«

»Oh, das wollte ich nicht.«

»Das ist wichtig. Wenn Sie mich dazu einladen, Sie zu ignorieren, haben wir ein Problem mit der Intimität zwischen Ihnen und mir.«

Die Prüfung unserer Beschwerden gibt uns die Möglichkeit, zu erkennen, wo die Verantwortung dafür liegt: nämlich direkt bei uns. Anstatt jedoch zuzugeben, was wir getan haben, und unsere Beschwerden genauer zu untersuchen, um unser Innenleben zu entdecken, projizieren wir unsere Probleme auf andere. Dann verlieren wir den Blick dafür, was in uns ist, indem wir uns vorstellen, was in anderen ist.

Die Therapierenden helfen uns, unsere projizierten Gefühle nach Hause zurückkehren zu lassen oder, genauer gesagt, sie helfen uns, uns den Gefühlen zu stellen, die ihr Zuhause niemals verlassen haben, da sie schon immer in uns gelebt haben. Projektionen, von denen wir dachten, dass sie »nicht wir« sind, gehörten die ganze Zeit zu uns. Wir lehnen unsere Gefühle, Wünsche und Triebe ab und stellen uns vor, dass wir sie fortschicken können, um in anderen Personen zu leben. Was wäre, wenn unsere Gefühle, Sehnsüchte und Impulse niemals schlecht waren? Unsere Gefühle nehmen Kontakt zu uns auf, um uns die Informationen zu geben, die wir brauchen.

Verstoßen wir unsere Gefühle, verstoßen wir uns selbst. Wir projizieren diese Gefühle auf andere Menschen. *Sie* sind wütend. *Sie* sind egoistisch. *Sie* sind kritisch. Dann distanzieren wir uns von diesen Menschen oder versuchen sie zu kontrollieren, ohne dabei zu ahnen, dass wir in Wahrheit versuchen, unsere Gefühle zu kontrollieren, bzw. versuchen, vor unserem Schatten davonzulaufen.

Die Destruktivität, die wir in anderen sehen, ist nur der Schatten unserer eigenen. Die anderen brauchen nicht therapiert zu werden. Wir sollten sie lieben und nicht an ihnen herumdoktern. Auf diese Weise therapieren wir unsere eigenen Anliegen gleich mit.

Unsere Partnerinnen und Partner, andere Menschen und das Leben selbst triggern die Gefühle, die wir bei uns selbst zu vermeiden suchen. Wir verleugnen diese Gefühle und Bedürfnisse und schicken sie weit weg. Aber egal wie weit wir sie von uns weisen, sie kehren immer wieder zurück. Wenn wir sagen: »Er gibt mir das Gefühl, dass …«, dann meinen wir: »Er erinnert mich an das, was ich versucht habe in mir loszuwerden.«

Schauen wir aus dem Fenster, sehen wir Baumzweige, einen blauen Himmel, Blumen und Wolken. Das Universum akzeptiert alles. Ebenso ist alles Menschliche in uns: Gedanken, Gefühle und Bedürfnisse. Mit unser Vorstellungskraft versuchen wir das, was in uns ist, nach außen zu tragen. Anschließend verspüren wir eine Sehnsucht. Eine Sehnsucht nach dem, was wir partout nicht akzeptieren wollten: die Anteile unseres Selbst, die wir im Stich gelassen haben.

Können wir unser Herz anderen Menschen öffnen, der Zufluchtsstätte[15] unserer unterdrückten Gefühle? Und diese dorthin heimkehren lassen, wo sie schon immer wohnten, in uns selbst? Tun wir das, erleben wir den Raum, der wir sind; den Raum, der unser Innenleben enthält.

15 Lucie Brock-Broido, *Stay, Illusion: Poems* (New York: Knopf, 2013).

Was kann ich tun, wenn ich nichts tun kann?

Welcher Ort wäre für einen Transfer von Gefühlen besser geeignet als unsere eigene Familie? Wo sonst sollten wir unerfüllbare Ansprüche stellen? Und warum sollten wir irgendwo anders kämpfen, wenn wir doch so viel Erfahrung darin haben, es dort zu tun. Häufig sind »Familien»konflikte Auseinandersetzungen mit der Realität.

Zum Beispiel hatte die Frau, deren Fall wir zuvor besprochen haben, einen Konflikt mit ihrem fünfzigjährigen Sohn. Der Vater hatte den Sohn als Kind sexuell missbraucht. Sobald die Mutter das herausgefunden hatte, suchte sie Hilfe auf und arrangierte eine Therapie für ihren Sohn und die Familie. Traurigerweise profitierte der Sohn nicht von der Therapie, sondern entwickelte und forcierte die Überzeugung, dass seine Mutter sein Leben zerstört hatte und dass sie ihn darüber hinaus finanziell unterstützen sollte. Mit dieser Überzeugung mobbte er sie dreißig Jahre lang: »Du bist schuld an meinem Leiden. Und wenn du mich nicht unterstützt, bringe ich mich um.« Die Mutter war anfällig für diese Drohung, denn sie fühlte sich nicht nur für den sexuellen Missbrauchs ihres Sohns schuldig, sondern auch für den Suizid ihrer Schwester in ihrer Jugend.

»Er hat mir angedroht, dass er mich bei der Rechtsanwaltskammer meldet und ich meine Berufszulassung verliere, wenn ich das Geld nicht bezahle.«

»Was nicht funktionieren würde«, sagte ich. »Er droht Ihnen, als sollten Sie für alle Ewigkeit zahlen.« Sie fing an zu weinen: »Ich habe ihn enttäuscht.« Ich stimmte zu: »Ja, Sie haben ihn während eines bestimmten Zeitraums in seiner Kindheit enttäuscht. Und seitdem machen Sie das Beste für ihn, was eben in Ihren Möglichkeiten steht. Stimmt's?« Sie erzählte, wie sie die Therapie arrangiert, ihm ihre Fehler eingestanden, Einzelnachhilfe organisiert und ihm den Besuch einer Hochschule ermöglicht hatte, bis er diesen abbrach. »Er sagt, dass der Missbrauch durch seinen Vater sein Leben ruiniert hat und ich die Schuld daran trage.«

»Der Missbrauch durch Ihren Exmann hat Ihren Sohn traumatisiert. Und der Umgang von Ihnen beiden mit der Situation hat Probleme geschaffen. Dafür tragen Sie die Verantwortung. Aber in den letzten dreißig Jahren hat Ihr Sohn seine eigenen Fehler gemacht, sein eigenes Elend geschaffen und seine Ambitionen, seine Karriere und seine Ehen sabotiert. Das haben nicht Sie getan, sondern er. Sie sind verantwortlich für das Chaos bis zu seinem zwanzigsten Lebensjahr. Aber er ist verantwortlich für den Schlamassel, den er die letzten dreißig Jahre selbst angerichtet hat, und das Durcheinander, das er auch heute noch verursacht.«

»Ich dachte, wenn ich die Privatschule für meine Enkel bezahle, würde er ihnen helfen. Aber er lässt sie die Schule schwänzen, Hausaufgaben versäumen und fernsehen.«

»Sie dachten, Sie könnten ihre Zukunft kaufen. Aber er spült deren Zukunft und Ihr Geld die Toilette runter.«

»Ich habe das Gefühl, dass ich mich verteidigen muss.«

»Nein. Sie versuchen ein Selbstbild zu verteidigen. Sie haben das Bild der perfekten Mutter geliebt und Ihrem Sohn in der Hoffnung Geld gegeben, dass er es wiederherstellen würde. Aber dieser Wunsch ist wie ein heimlicher Vampir, der Ihnen das Leben aussaugt. Sobald Sie von diesem Bild ablassen, was gibt es dann noch zu verteidigen? Sie haben ihn als Kind enttäuscht. Okay. Es gibt keinen Grund, sich dagegen zu verteidigen, es ist wahr. Er muss etwas aus seinem Leben machen, das können nicht Sie für ihn tun. Das ist wahr. Ihre Handlungen in der Vergangenheit machen es ihm heute schwerer.«

»Er sagt, dass ich versuche, seine Vergebung zu kaufen.«

»Und 200 000 Dollar innerhalb von dreißig Jahren sind Beweis genug dafür. Sie haben sich gewünscht, dass Sie sich mit Ihren Zahlungen seine Vergebung erkaufen könnten. Das hat nicht funktioniert. Er hat mitbekommen, dass es sich auszahlt, Ihnen nicht zu vergeben.«

Sie brach in Gelächter aus, machte eine Pause und sagte: »Ich habe versucht, ihm zu sagen, dass er seine Kinder ruiniert, aber er hört mir nicht zu. Entweder schreit er mich am Telefon an oder legt auf. Ich weiß, dass er mich zurückrufen wird, weil er Geld braucht. Er muss sich der Realität stellen.«

»Nein, das muss er nicht tun. Er hat sich seit dreißig Jahren nicht der Realität gestellt: Ihm wurde jeder Job gekündigt, er hat jede Beziehung ruiniert und er ist arbeitslos und lehnt es ab, sich eine neue Arbeit zu suchen. Und dabei behauptet er, dass Sie ihn in dem Lebensstil unterstützen sollten, an den er sich gewöhnt hat. Es sieht so aus, als ob Sie dafür nominiert wären, der Realität ins Gesicht zu sehen.«

»Das stimmt.«

»Ich kann Ihren Wunsch verstehen, dass er sich als Erster den Fakten stellen sollte, aber damit machen Sie sich zur Geisel seiner Verrücktheit.«

»Ich kann nicht länger warten. Das kann ich mir nicht leisten, aber was ist, wenn er wütend auf mich wird?«

»Er wird nicht böse auf Sie sein. Er ärgert sich über die Gegebenheiten des Lebens. Sobald Sie damit aufhören, Ihr Geld zwischen ihn und die Fakten zu bringen, kann er wütend auf die Realität sein. Dies ist ein erster Schritt hin dazu, sich ihr zu stellen.«

Auch die von uns geliebten Menschen treffen mitunter furchtbare Entscheidungen, und wir können sie nicht immer davon abhalten. Anstatt die

Trauer in uns zu ertragen, versuchen wir, unsere Lieben zu ändern, damit der Schmerz aufhört. Wenn wir beabsichtigen, sie dadurch zu beeinflussen, indem wir unsere Einsichten mit ihnen teilen, provozieren wir schlimmstenfalls Zorn oder bestenfalls Verwirrung. Wir denken, dass wir das Feuer in ihnen löschen können, wenn wir unser eigenes ersticken, das Feuer des Schmerzes, des Zorns und des Verlusts. Wir löschen aber niemals den Brand in uns selbst, indem wir die Flammen über andere ergießen. Wenn wir unsere Projektionen unter Kontrolle haben und unsere Ratschläge, die wir anderen erteilen, selbst befolgen – das ist das gütigste Geschenk, das wir unseren Lieben machen können.

Es ist schwer, in unseren Gefühlen zu verharren, deswegen exportieren wir sie auf andere. Mithilfe von Erklärungen, Instruktionen oder Forderungen versuchen wir Menschen dazu zwingen, so zu sein, wir sie haben wollen. Die unterschwellige Botschaft bleibt dieselbe: »Meine Wahrnehmung sollte deine Realität sein!«

Unter unseren Wünschen ächzend mögen Menschen tun, was wir wünschen, und machen uns damit glücklich, wenn sie unseren Forderungen nachgeben. Tun sie es nicht, verurteilen wir sie, sagen ihnen, dass sie falsch liegen, und ernennen uns selbst – ohne ihre Zustimmung – zu ihrem dringend benötigten Ratgeber oder ihrer benötigten Ratgeberin. Anschließend sind wir überrascht, wenn sie alles andere als erfreut über unsere Führung sind.

Sie reagieren wütend, weil wir sie ablehnen, so wie sie sind. Wir behandeln sie wie ein Haus, das ständig renoviert und verbessert werden muss. Wir senden ihnen die Nachricht: »Du bist *fast* gut genug für mich, aber zuerst musst du dich noch ändern.«

Andere Menschen sind nicht dazu da, um für uns liebenswert zu werden, oder dafür, dass sie sich so ablehnen, wie wir sie ablehnen. Wir sind hier, um sie so zu lieben, wie sie sind, und um uns von der Wahrheit geschlagen zu geben: Sie sollten sie selbst sein und nicht so, wie wir sie haben möchten. Und diese Kapitulation könnte bedeuten, dass wir uns selbst lieben müssen, wenn sie es nicht können. Dann setzen wir Grenzen. Das heißt nicht, dass wir sie dazu auffordern, ihr Verhalten zu ändern, welches wir nicht kontrollieren können. Wir selbst verändern unser Verhalten und belohnen sie nicht länger, wenn sie uns oder unseren Beziehungen schaden. Wir stellen uns der Realität, während wir sie lieben, aber kollaborieren nicht länger mit ihrer Destruktivität.

Das ist einfacher gesagt als getan. Insbesondere dann, wenn unsere Hoffnungen in einem Feuer brennen, das unsere Lieben entzündet und angefacht haben und auch immer weiter am Brennen halten, selbst wenn sie uns beschuldigen, den Brand gelegt zu haben, und uns dazu auffordern, ihn zu löschen. Die Mutter musste akzeptieren, dass ihr Sohn ein Brandstifter war, der sein eigenes Leben angezündet hatte, und weder ihre Liebe noch ihr Geld würden das Feuer löschen, wenn er immer weiter neue Brände legte.

Enttäuscht uns eine geliebte Person, können wir das Bild, an das sie nicht heranreichen kann, ziehen lassen, unsere Gefühle ertragen und zulassen, dass sich das Leben als mysteriöses Geschenk offenbart. Oder wir können unsere Gefühle abwehren, uns an unsere Illusionen klammern, der Beziehung, die wir haben, eine Abfuhr erteilen, versuchen, die Beziehung zu kaufen, die wir wollen, und dieses Verhalten dann »Liebe« nennen.

Was wäre, wenn die Enttäuschung der Mutter über ihren Sohn kein Problem ist, sondern eine Chance? Ständige Enttäuschungen sagen nichts über andere aus, sondern etwas über uns; sie bringen unseren Widerstand gegen das, was passiert, zum Ausdruck. Wenn du mich dutzende Male enttäuschst, liefert das eine Information über mich selbst: meine Verleugnung der Realität. Wir können nicht immer wieder aufs Neue enttäuscht werden, außer wir fahren damit fort, das abzuleugnen, was wahr ist, nur um dann davon überrascht zu sein, dass es tatsächlich so ist. Indem Menschen unsere Wünsche nicht befriedigen, helfen sie uns das zu erkennen, was hier ist.

Akzeptieren wir unsere Enttäuschungen, anstatt sie zu verleugnen, können wir trauern und die Hoffnungen und Fantasien des Familienrenovierungsprojekts ziehen lassen. Um uns den Tatsachen zu stellen, müssen wir unsere Illusionen auf dem Friedhof begraben. Nicht die Mutter starb an jenem Tag in meinem Büro, sondern ihre hoffnungslosen Hoffnungen. Wir haben dem Sohn, der sie früher geliebt hatte, die letzte Ehre erwiesen.

Sie unterlag der Vorstellung, dass Geld ihr die Liebe und Gesundheit ihres Sohns kaufen könnte. Aber das Leben, das er weggeworfen hatte, konnte sie nicht zurückkaufen. Mit seinem Verhalten schickte er ihr einen perversen Liebesbrief: »Gib auf. *Deine* Liebe kann *meine* Selbstzerstörung nicht aufhalten.« Die ständigen Enttäuschungen nagelten ihre Hoffnungen ans Kreuz der Realität.

Als sie sagte: »Ich halte es nicht aus!«, erinnerte ich sie: »Sie halten es schon aus. Und das bereits seit 30 Jahren. Aber ihre Verleugnung kann es nicht aushalten und beginnt unter der Belastung zusammenzubrechen.« Wir denken, dass wir dafür zuständig sind, was passiert. Indes hat das Leben die Kontrolle darüber, und es lässt das Märchen einer Existenz, die sich nach uns richtet statt nach den tatsächlichen Gegebenheiten, verschwinden.

Wir versuchen das Leben auf den Gipfel der Fantasie zu drängen, aber es eilt hinunter in die Niederungen der Realität. Das Leben lehrt uns, und der beste Lehrmeister im Leben ist unsere Familie. Erinnern Sie sich an die Erzählung von den drei kleinen Schweinchen, die in Häusern aus Stroh, Holz und Ziegelsteinen lebten? Was auch immer passiert, fordert das *Gedanken*gebäude, in dem wir leben, heraus. Unsere Familie ist auf unsere Entwicklung bedacht und erinnert uns an das, was tatsächlich ist. Das Leben hustet und prustet, und wir klammern uns noch an die Wände unseres Wünschens, die bereits zusammengepustet worden sind.

Wenn wir uns nicht mehr an unsere Fantasien klammern, können wir damit beginnen, die Familie, die wir haben, zu akzeptieren und lieben. Und wir können ihre Geheimnisse aufdecken: Es sind Menschen, die wir meinten zu kennen, die wir aber tatsächlich eben erst kennenlernen. Lieben heißt, dass wir unsere Augen nicht vor der Wahrheit verschließen, sondern dass wir unsere Lehren aus ihr ziehen, selbst wenn unsere Familie brüchig oder böse sein sollte.

Als die Mutter den Sohn ziehen ließ, den sie haben wollte, fing sie an, den Sohn zu lieben, den sie tatsächlich hatte. Er war nun nicht mehr länger in der Lage, seine Mutter zu mobben, und musste erkennen, dass ihm nichts anderes übrig blieb, als eine bessere Beziehung mit ihr zu führen. Warum? Sie beteiligte sich nicht länger an seinem bisherigen destruktiven Tanz.

Bedrängen oder in die Arme schließen?

Wenn der Wind unsere Träume wegbläst, wie hören wir dann zu? Eine Therapeutin berichtete mir von einer an Krebs sterbenden Frau. Der Chirurg der Patientin hatte den Tumor bei der Entfernung eröffnet, dadurch Krebszellen im ganzen Körper der Patientin verteilt und sie mit einer infausten Prognose zurückgelassen. Die Therapeutin sprach mit ihrer Supervisorin darüber: »Ich habe Angst, dass ich die Patientin überfordere, wenn ich zu sehr auf ihre Gefühle dränge.« Ihre Supervisorin stimmte zu: »Das ist eine tiefgreifende, intuitive Wahrheit.« Die Unterstützung der Supervisorin führte dazu, dass die Therapeutin sich validiert und trotzdem beunruhigt fühlte, weswegen sie die Frage bei mir zur Sprache brachte: »Denken Sie, dass ihre Gefühle zu viel für sie sind?«

»Es ist nicht möglich, die Patientin zu bedrängen«, antwortete ich. »Der Krebs und der drohende Tod haben das getan. Ist Ihnen aufgefallen, dass Krebs und Tod niemals zögerlich an die Tür klopfen, um zu fragen, ob sie zu viel für uns sind? Das Leben passiert, ob wir nun dafür bereit sind oder nicht. Aber es liegt nicht daran, dass wir noch nicht bereit sind: Unsere Illusionen sind es nicht.«

»Woher weiß ich, ob sie es aushalten kann?«, fragte sie.

»Sie hält Krebs und den Tod bereits aus.«

»Ich sehe, was Sie meinen.«

»Es ist nicht zu viel für sie. Sie ist immer noch hier.« Ich machte eine Pause, bevor ich fortfuhr: »Ist es zu viel für Sie?« Ich wartete. Sie schaute zu Boden.

»Sie stirbt. Sie können sie nicht retten. Sie ist wütend auf den Arzt, dessen Fehler sie getötet hat. Sie verliert das Leben, auf das sie gehofft hatte – die Chance, alt zu werden, zu sehen, wie ihre Kinder erwachsen werden. Werden Sie ihre Hand halten, sich ihrem Tod stellen und diese Gefühle mit ihr ertragen?«

»Das ist schmerzlich.«

»Das stimmt.«

»Sie stellen mich in Frage.«

»Nein. Das hat das Leben gemacht. Genauer gesagt stellt das Leben nicht Sie in Frage. Es stellt eine bestimmte Sichtweise von Therapie in Frage. Sie haben gedacht, dass Ihre Supervisorin Sie validiert hat, aber sie hat eine Sichtweise von Therapie und vom Leben validiert, die nur mit Sonnenlicht, aber ohne Dunkelheit, mit einem Himmel ohne Wolken und mit Besitztümern, aber ohne jeglichen Verlust einhergeht.«

»Ich habe mich von ihr unterstützt gefühlt.«

»Sie hat Ihren Wunsch unterstützt, wegzulaufen. Und jeder von uns läuft lieber vor dem Tod weg, als von ihm zu lernen. Ich selbst bin großartig darin, vor mir selbst wegzulaufen, aber falls Sie Ihre Patientin hätten im Stich lassen wollen, hätten Sie das Thema hier gar nicht angesprochen. Weil Sie das wissen, werden Sie ihre Hand auch nicht loslassen, wenn sie in größter Not ist.«

»Es ist schmerzlich, dabei zuzuschauen, wie sie stirbt, und nichts machen zu können.«

»Sie können Ihren Schmerz nicht verschwinden lassen. Sie können Ihr das Leben nicht zurückgeben, aber indem Sie ihren Schmerz, ihren Verlust und ihren Tod anerkennen, machen Sie diese erträglicher, weil Sie beide sich den Dingen gemeinsam stellen.«

»Das stand so aber nicht in der Stellenbeschreibung des Sozialen Dienstes.«

»Therapie ist kein Job, eine Beschäftigung oder ein Beruf. Sie ist eine Berufung. Ihr Krebs, ihr Tod und ihr Leiden rufen nach Ihnen. Jetzt müssen Sie dem Ruf folgen, auf die Hand an Ihrer Seite hören, die die Hand der Patientin ergreifen möchte, und neben ihr sitzen, während sie stirbt.«

»Das ist so unangenehm.«

»Natürlich. Auch wir spüren Schmerz, wenn unsere Träume für die Patientin und die Therapie verbrennen. Wir können sie nicht retten. Alles geht in Flammen auf, aber irgendwann wird das Feuer erlöschen, und in der Asche werden die Patientin und Sie entdecken, was übriggeblieben ist, etwas, das Sie jetzt noch nicht wissen, in Worte packen oder beschreiben können. Die Patientin wird herausfinden, wer sie hinter der Fassade von Worten, Träumen und Illusionen eigentlich ist; so wie Sie das auch tun werden.«

Wir versuchen das Leben und den Tod aus uns selbst zu verdrängen, aber diese nehmen uns immer wieder in die Arme und schieben so die Lügen beiseite. Als Freunde und Freundinnen, Heilende oder Therapierende müssen auch wir den Tod akzeptieren – das Sterben unserer Beziehungen, unserer Hoffnungen und unserer Träume. Sitzen wir an der Seite eines Sterbenden oder einer Sterbenden, realisieren wir, dass auch wir vergänglich sind. Akzeptieren wir das, was ist, können wir beide in einvernehmlichem Schweigen erfahren, wer wir sind.

Psychologisches Rosinenpicken

Anstatt uns dem zu stellen, was ist, suchen wir uns die Teile des Lebens heraus, die unseren Fantasien entsprechen, den Rest lehnen wir ab und versuchen außerhalb der Realität zu leben. Wir denken, dass wir vor der Außenwelt davonlaufen, aber wir laufen vor dem davon, was die Außenwelt in uns hervorruft: vor der inneren Welt – unseren Gefühlen und vor unserer ängstlichen Anspannung. Und niemals entkommen wir dem, was wir sind.

Die Gefühle, die uns ausgewählt haben, leiten uns. Mit Trauer stellen wir uns Verlusten und empfinden Liebe für die Menschen, die gestorben sind. Wenn jemand unsere Grenzen ignoriert, hilft uns der Ärger dabei, uns zu verteidigen. Furcht ist keine Gefahr, sondern ein Signal, dass uns auf Gefahren – innere oder äußere – hinweist. Entsprechend sind Gefühle positiv, sie fördern unser Überleben.

Warum also verurteilen wir Gefühle als negativ? Wir lehnen sie ab: »Ich will nicht auf diese Weise fühlen. Als psychologische Rosinenpicker nennen wir Gefühle, die wir bejahen, »positiv« und Gefühle, die wir ablehnen, »negativ«. Wir versuchen die Welt in zwei Teile zu spalten in der Hoffnung, in der einen Hälfte zu leben und die andere zu verlassen. Wir denken, dass wir gänzlich gut sein sollten, aber wir bleiben doch, wie wir sind: gut und böse.

Da es schmerzlich ist, alles, was wir in uns selbst fühlen, auszuhalten, versuchen wir eine Hälfte von uns auszublenden. Ein Mann, der seit Jahrzehnten meditierte, vermied jeglichen Ärger in der Überzeugung, dass dieser seiner spirituellen Entwicklung im Wege stünde. Er behauptete: »Ärger ist nicht spirituell. Wenn du Wert auf Entwicklung legst, solltest du niemals ärgerlich sein.« Er nutzte Meditationstechniken, um abzuschalten, und versuchte sich damit von nicht spirituellen Gefühlen zu reinigen. Allerdings machte ihn dieses Unter-den-Teppich-Kehren seines Ärgers zu einer explodierenden Fußmatte, die so lange passiv zu sein schien, bis er bei derArbeit Wutanfälle hatte.

Der Psychologe John Welwood bezeichnete das Vermeiden von Wut als »spirituellen Bypass«[16]. Wir sind in der Lage – und tun dies auch öfter –, Spiritualität zu missbrauchen, um Gefühlen, Konflikten und dem Leben auszuweichen. Indem wir uns nach einem distanzierten Zustand – fälschlicherweise als Transzendenz bezeichnet – sehnen, erreichen wir eine Art von spiritueller Scheidung. Dieser Mann versuchte sein inneres Leben zu transzendieren, indem er sich ihm verweigerte und seine Emotionen vergrub. Dabei realisierte er aber nicht, dass er auf diese Weise ein Samenkorn gepflanzt hatte, dass in ihm wachsen würde.

Er behandelte Erfahrungen, die er nicht machen wollte, als nicht spirituellen Abfall. Aber genau wie die Luft sich nicht vom Wind trennen kann, können wir uns auch nicht von dem trennen, wer wir sind. Gefühle und Gedanken kommen in uns hoch und *werden dies immer tun.* Niemals entkommen wir uns selbst, da wir weder ein Objekt noch ein Ort sind.

Anstatt unser Innenleben zu ertragen, versuchen wir es von uns abzuspalten. Das ist keine Therapie oder spirituelle Praktik, sondern psychische Selbstamputation. Die Philosophin Simone Weil erinnert uns mit folgenden Worten daran:«Das Leben muss sich nicht selbst verstümmeln, um rein zu sein.«[17] Ungeachtet dessen verstümmeln sich Menschen jedoch selbst und halten den verhassten Anteil ihrer Menschlichkeit irrtümlich für einen Körperteil. Sie hoffen darauf, ihre Reinheit durch Selbstverletzungen wiederzuerlangen.

Schon das bloße Konzept von Reinheit trennt uns von dem, was wahr ist, denn das Leben beinhaltet Reinheit und Unreinheit. Mit dem Bemühen um spirituelle Reinigung versuchte dieser Mann, sich von seinen Gefühlen und seinem Leben abzuspalten, um in einer alternativen Welt zu leben, in der kein Ärger existiert.

Sein Selbstbild, so wie er dachte, dass er sein *sollte*, widersprach den Fakten: wer er wirklich war. Wir drängen uns selbst dazu, zu jenem idealisierten Bild zu werden, welches wir so sehr schätzen. Das funktioniert nie, da wir die Realität sind. Das Bild davon, wie wir sein *sollten*, ist Fantasie.

16 John Welwood hat diesen Begriff erstmals geprägt, um den Missbrauch spiritueller Praktiken zur Vermeidung psychologischer Probleme zu beschreiben.

17 Simone Weil, *Gravity and Grace* (New York: Routledge, 2002).

Wenn wir auf die Gewalt durch die Selbstreinigung verzichten, hat das Bewusstsein dann überhaupt jemals ein Problem mit den Dingen, die in uns hochkommen? Lehnt ein Spiegel ab, was auch immer erscheinen mag?

Das Leben ist kein Supermarkt, in dem wir Gefühle aussuchen, um sie dann in unseren Wagen zu legen, und den Ausschuss im Regal lassen. Warum das Leben entzweiteilen und den Rest verwerfen? In der Therapie akzeptieren wir alles, und schlussendlich ist es gar nicht nötig, unsere Existenz zu akzeptieren, da wir schon immer waren, was wir sind.

Auf der Jagd

Anstatt unser Leben und uns selbst zu akzeptieren, betreiben wir Rosinenpickerei oder ihr Gegenteil. Ein Mann nahm nur die negativsten Dinge in seinem Leben wahr; ständig zerbrach er sich den Kopf darüber, bis er schließlich an chronischem Grübeln litt. Besessen vom Schlimmsten konnte er nicht erkennen, wie er damit einen einseitigen Blickwinkel auf das Universum erschaffen hatte und dass seine negative Sichtweise und nicht das Universum der Grund für sein Leiden war. Er verwechselte sein Grübeln, diese von ihm hochgeschätzte Angewohnheit, mit einer höheren Form des Denkens. Um dem entgegenzuwirken, sagte ich ihm, dass wir, wenn wir Hundekot auf dem Fußweg sehen, einen großen Schritt darüber machen und den Haufen weder aufheben, noch daran riechen oder ihn in unsere Tasche stecken. Erschrocken starrte er mich an und sagte: »Oh, Sie meinen, dass ich auf der Jagd nach Scheißhaufen bin?«

Ich habe keine blinden Flecken!

Suchen wir nicht länger nach Kothaufen, jagen wir woanders einer besseren Wahrheit hinterher, anstatt uns der Wahrheit zu stellen, die immer da ist. Warum sehen wir sie nicht? Wir haben blinde Flecken. Und da wir immer blinde Flecken haben, brauchen wir auch immer andere Menschen, die uns helfen zu erkennen, was wir selbst nicht sehen. Zum Beispiel behauptete ein Mann: »Sie glauben ja gar nicht, wie bescheiden ich geworden bin.«

Eine Therapie eliminiert die blinden Flecken nicht. Sie hilft uns dabei, unsere niemals endende Blindheit zu akzeptieren, damit wir Rückmeldungen von anderen willkommen heißen, die sehen können, was wir nicht erkennen. Erschreckt durch unsere Angst vermeiden wir diese Resonanz aber durch Illusionen und Abwehrmechanismen und werden blind für die Welt außerhalb von ihnen.

Indes ist Blindheit nicht nur eine Frage dessen, was wir nicht sehen, sondern auch dessen, was wir andere nicht sehen lassen wollen. Anstatt die Dunkelheit allein zu ertragen, bitten wir andere, sich uns anzuschließen und sich selbst zu blenden, indem sie – genau wie wir – verleugnen, was passiert. Dann können wir uns an der Glückseligkeit der gemeinsamen Blindheit erfreuen: an unserer Übereinkunft, nicht zu sehen, was wir nicht sehen wollen. Dies funktioniert nie, denn Fakten hören nicht einach auf zu bestehen, wenn wir deren Existenz verleugnen. Wir erschaffen unsere Leiden durch Verleugnung, ohne dabei zu erkennen, wie wir das tun.

Beispielsweise teilte mir eine Frau stolz mit, dass sie sich selbst gegenüber ihrem Mann »behauptet« habe, indem sie ihn ein Arschloch genannt hatte.

»Sie sollten Ihren Mann nicht als Arschloch betiteln.«

»Warum nicht? Ich bin doch nur ehrlich.«

»Was Sie Ehrlichkeit nennen, würden andere als Grausamkeit bezeichnen. Erinnern Sie sich an diesen Satz: ›Stöcke und Steine mögen meine Knochen brechen, aber Worte sollen mich niemals verletzen‹?[18] Daran glaube ich nicht. Worte tun weh, und ich vermute, dass Sie ihn verletzt haben, als Sie ihn Arschloch nannten.«

»Er muss die Wahrheit hören.«

»Ich bin sicher, das hat er, denn die Wahrheit ist, dass Sie ihn mit einem Schimpfwort betitelt haben – Arschloch. Es war Ihnen egal, wie er sich dabei gefühlt hat. Und er wird sich an die Wahrheit erinnern: Es ist Ihnen egal.«

Sie war überzeugt davon, in ihrem Ehemann wie in einem Buch lesen zu können, war aber blind für die Auswirkung ihrer Worte, ihre Bedeutung und für ihre Grausamkeit. Indem sie mit mir stritt, versuchte sie mich davon zu überzeugen, mich ihrer Verleugnung und Blindheit anzuschließen. Als ich herausstellte, dass ihr Mann sie als grausam und gefühllos erleben würde, sagte sie: »So habe ich es nicht gemeint. Er sollte es nicht persönlich nehmen.« Als ob die Bedeutung von der Sprache abgetrennt werden könnte und als ob Worte keinerlei Konsequenzen hätten. Leider hatten ihre Worte eine Konsequenz, nämlich eine Scheidung.

---

18 Anmerkung des Übersetzers: englischer Kinderreim – Sticks and stones may break my bones, but words shall never hurt me.

Wir beginnen die Therapie, ohne zu wissen, was die Ursache unserer Probleme ist. Wir fangen mit den Worten an: »Ich verstehe es einfach nicht. Ich mache, was ich machen soll, aber nichts funktioniert.« Wir haben Theorien, um unser Leiden zu erklären, aber diese Theorien, wie z. B. »Er ist ein Arschloch«, stellen sich als Formen von Blindheit heraus. Und weil wir unsere Theorien so sehr schätzen, bitten wir andere, uns zuzustimmen: »Denkst du nicht, dass er falsch lag?«

Lieben uns unsere Therapierenden und unsere Freundinnen und Freunde, werden sie nicht mit in die Lüge einstimmen, die uns blendet, sondern uns die dahinter verborgene Wahrheit offenbaren. Lieben wir sie, durchleiden wir die Wahrheit, die sie uns anbieten, und leben diese. Lieben wir jedoch unsere Lüge, werden wir uns mit Kritik an ihnen rächen und versuchen, ihnen unseren Schmerz aufzudrängen: »Das ist nicht wahr. Das ist, was *du* machst!«

Da wir alle unsere blinden Flecken haben, sind wir darauf angewiesen, dass andere uns darauf hinweisen. Helfen sie uns dabei zu erkennen, was wir selbst nicht sehen, können wir das tun, wozu wir vorher nicht fähig waren: die Realität akzeptieren und ihre Geschenke entgegennehmen. Bis es so weit ist, sind wir blind. Warum? Wir blenden uns mit den Lügen, die wir uns selbst erzählen.

Ich bin ein anderes Du und gleichzeitig nicht Du

Unsere psychologische Blindheit rührt von den Methoden her, mit denen wir uns selbst unter Anwendung von Abwehrmechanismen blenden. Nichts Menschliches ist uns fremd.[19] Dabei nimmt jeder Abwehrmechanismus für sich in Anspruch, dass Gefühle, Gedanken und Bedürfnisse fremdartig sind. Wir verurteilen Menschen dafür, dass sie mit Lügen ihren Schmerzen entgehen wollen, und ignorieren dabei, dass wir dasselbe tun. Der Psychiater Harry Stack Sullivan erinnert uns daran, dass »wir viel mehr Menschliches als Unmenschliches in uns tragen«.[20] Jeder von uns leidet an den Widrigkeiten des Lebens, des Verlusts und des Todes und versucht das, was ist, zu vermeiden.

Die Menschlichkeit, die wir bei anderen verurteilen, stellen wir bei uns selbst in Abrede. Zum Beispiel könnten wir sagen: »Der Präsident ist arrogant«, »Wohlhabende Menschen sind gierig« oder »Arme Menschen sind

19 Der antike römische Dramatiker Terentius.

20 Harry Stack Sullivan war der Begründer der interpersonellen Schule der Psychiatrie.

faul«. Jeder und jede von uns kann arrogant, gierig oder faul sein. Trotzdem fühlen wir uns besser, wenn wir uns vorstellen, dass bestimmte menschliche Charakterzüge nicht bei uns selbst, sondern bei den anderen, über die wir ein Urteil abgeben, vorhanden sind. Aber das ist nicht wahr.

Wir sind Brüder und Schwestern im Vorwärtsstolpern, Verleugnen und Lügen, wir alle machen Fehler und fügen anderen Leid zu. Es ist schmerzlich, sich diesen Tatsachen zu stellen. Stattdessen versuchen wir, die Welt der Menscheit mithilfe unserer Vorstellungskraft zu verlassen, und geben vor, höhere Wesen zu sein, um *jene* Menschen zu beobachten, *sie* zu bewerten, und *deren* Menschlichkeit abzulehnen. Ohne es zu realisieren, verurteilen wir dabei unsere eigene Menschlichkeit.

Jeder Abwehrmechanismus versucht unser Innen- oder unser Außenleben zu töten. Jedes Mal, wenn wir sagen, dass unsere Trauer albern ist, unsere Bedürfnisse lächerlich sind oder unser Ärger hässlich ist, begehen wir einen Mord. Wir können an einem einzigen Schnitt in unser Handgelenk sterben oder an tausend Schnittwunden in unserer Seele, was einem psychologischen Suizid gleichkommt.

Treffen wir eine Person, finden wir ein anderes Herz vor, einen anderen Verstand und einen anderen Teil des Lebens, der unser Fantasiegebäude einstürzen lässt. Als Reaktion darauf können wir loslassen und das Leben aufnehmen. Oder wir können, statt diesen anderen Verstand zu akzeptieren, ihn ablehnen, verachten oder sogar unsere gefährlichste Fantasie in Erwägung ziehen: Wenn ich ihn umbringe, kann ich töten, was er denkt.« Jede Woche versuchen Fanatikerinnen und Fanatiker Gedanken und Gefühle zu vernichten, indem sie stattdessen Menschen töten.

Diese Tötungen mögen real oder symbolisch sein: Ob es nun der sarkastische Angriff eines Experten oder einer Expertin in einer Talkshow ist, die Ehefrau, die ihren Mann anschreit, oder der Vater, der seinen Sohn schlägt; jede Attacke zielt darauf ab, eine andere Person, eine andere Meinung oder einen anderen Teil des Lebens auszulöschen. Indes sind wir machtlos und können den Tod genauso wenig aufhalten wie das Leben.

Der römische Theologe Tertullian beklagte vor 2000 Jahren, dass »die erste Reaktion auf die Wahrheit Hass ist«.[21] Hass versucht, die Realität verschwinden zu lassen, und weil er dabei immer wieder versagt, liegt seine Gewalttätigkeit genau darin begründet; Hass wächst immer weiter an, als ob er das Leben nur an Größe übertreffen müsste, um darüber zu triumphieren. Fanatikerinnen und Fanatiker, Mörderinnen und Mörder und Menschen, die an-

21 Tertullian gilt als der Vater des lateinischen Christentums im alten Rom.

dere tyrannisieren, glauben, dass sie eine Haltung ausrotten können, obwohl die Fähigkeit zu denken doch in jedem Kind wiedergeboren wird.

Noch immer müssen in jeder Generation zu viele Kinder in einem Zuhause aufwachsen, in dem sie ihren Verstand zum Schweigen bringen müssen. Die Patientin, die als Kind unter einer psychischen Tyrannei litt, mag ihre Kindheit, die voller Seelenmord war, mit in die Therapie bringen:[22] »Wird diese Therapeutin mich auffordern, meine Bedürfnisse aufzugeben? Werde ich von der Therapeutin verlangen, dass sie auf ihre Ansichten verzichtet, um zu beweisen, dass sie mich liebt? Können mein Verstand und der Verstand der Therapeutin koexistieren?« Dieser Konflikt tritt in der Therapie häufig auf.

Ein vierzigjähriger Mann konsultierte mich wegen Beziehungsproblemen; Problemen, die er mit mir reinszenierte. Nachdem ich ihm aufgezeigt hatte, wie sein distanzierendes Verhalten mir gegenüber seine distanzierten Beziehungen mit Frauen widerspiegelte, schnauzte er mich an: »Das ist doch totaler Schwachsinn!«

»Bemerken Sie, dass Sie mir gegenüber sarkastisch werden?«

»Na und?! Ich glaube kein Wort von dem, was Sie sagen.«

»Für mich ist es in Ordnung, dass Sie anderer Meinung sind. Ist es für Sie in Ordnung, wenn ich anderer Meinung bin?«

Er zuckte mit den Schultern und sagte: »Sicher.«

»Offensichtlich sind wir unterschiedlicher Meinung. Sie haben Ihre und ich habe meine. Und so sollte es sein. Zwei Meinungen in einem Zimmer. Ich nehme an, dass das in Ordnung für Sie ist?«

»Ja.«

»Wenn es für Sie in Ordnung ist, dass wir verschiedener Ansicht sind, warum machen Sie sich dann die Extraarbeit mit dem Sarkasmus, wo sie doch offensichtlich unnötig ist?«

Überrascht sagte er: »Das weiß ich nicht. Darüber habe ich noch nie nachgedacht.«

Wenige Sekunden später berichtete er spontan von seinem alkoholabhängigen Vater, einem tyrannischen, sarkastischen und missbrauchenden Mann, der ihn geschlagen hatte. Da sein Vater ihn verbal misshandelt hatte, misshandelte er mich nun auch verbal. Seine beleidigenden Äußerungen, die scheinbare Barriere, waren das Fenster zu seinem vergangenen Leiden. An-

22 Leonard Shengold, *Soul Murder: The Effects of Childhood Abuse and Deprivation* (New York: Ballantine Books, 1991). Der Psychoanalytiker Leonard Shengold erforscht die Art und Weise, auf die Kinderseelen durch physischen und emotionalen Missbrauch ermordet werden.

statt mir seine Geschichte in Worten zu erzählen, stellte er die Vergangenheit mithilfe von Handlungen dar.

Menschen, die andere mobben, schüchtern ein, missbrauchende Väter schlagen und Fanatikerinnen und Fanatiker töten, aber sie löschen die Realität nie ganz aus. Dieser Mann wuchs zu einem Menschen heran, der sich selbst und seine Lieben missbrauchte, während er fürchtete, dass sie ihn misshandeln würden. Als Erwachsener wurde er zum Missbrauchenden und zum Missbrauchten zugleich und setzte damit den Schmerz fort, den er als Kind erleiden musste.

Egal wie sehr er sich selbst und mich ablehnte, sein Innenleben war immer existent, auch wenn es hinter dem Symptom seiner Ablehnung verborgen war. Seine ängstliche Anspannung blieb ihm stets treu und wies ihn immer wieder auf das Innenleben hin, das auf seine Zuwendung wartete. In diesem Sinne kommt niemand von sich aus zur Therapie – es sind unsere ängstliche Anspannung und unsere Symptome, die uns dazu bringen, in der Hoffnung auf die heilende Akzeptanz.

Wir wollen das Innenleben loswerden, welches uns zur Therapie schleift. Indes ist es unsere Aufgabe, uns so zu akzeptieren und auszuhalten, wie wir sind. Wir alle sind Menschen, ich bin du und du bist ich. Wir akzeptieren uns gegenseitig als Personen, die durchs Leben stolpern, die leugnen und projizieren. Was wäre, wenn wir gerettet werden können, indem wir das annehmen, was wir bei uns selbst ablehnen und dafür anderen zuschreiben? Sobald dieser Mann sehen konnte, dass ich ihn nicht misshandelte, realisierte er, dass er selbst es war, der sich und andere missbraucht hatte. So fing er an, um seine Verluste zu trauern und sich der Wut zu stellen, die er auf seinen Vater fühlte. Indem er sein Innenleben akzeptierte, stellte er die Missbrauchshandlungen ein und wagte es, sich wieder zu lieben.

Menschen geben uns Einblick in andere Ansichten, Gedanken und Überzeugungen – unsere eigenen sind nicht die einzigen. Unser Bild der Welt enthält nicht deren Welt, und unsere Vorstellung von uns selbst enthält nicht das, was sie sehen. Unsere Sicherheit verschwindet, wenn wir realisieren, dass unsere Gedanken über andere lediglich unsere Überzeugungen beschreiben, nicht aber deren Sein. Ein lebendiger Mensch kann nicht von einem erstarrten Konzept erfasst werden. Der Mann, der behauptete, dass ich ihm Abfall angeboten hatte, nahm nur seine Meinung wahr, nicht mich. Er vergaß dabei, dass unsere Reaktionen und Ideen auf das größere Ganze hindeuten.

Sobald wir unser Konzept von anderen Menschen als abgesondert und pathologisch als bloße Fantasie erkennen, endet unsere imaginäre Trennung vom Menschlichen. Bis es soweit ist, leiden wir an der Entfremdung und

Einsamkeit, die unser Leben verseuchen, wenn wir andere als »nicht ich« betrachten.

Kann ich dich dafür bezahlen, mich anzulügen?

Um andere Menschen zu akzeptieren, müssen wir uns ihren Lügen und unseren eigenen stellen. Was, wenn wir dazu aufgefordert werden zu lügen? Ein Mann behauptete, dass er keine Therapie brauche. Da aber seine Freunde dachten, dass er ein Drogenproblem habe, forderte er mich auf, sein Geld zu nehmen, um ihnen sagen zu können, dass er in Therapie sei.

Es war ein Test. Würde ich eine Lüge als Therapie anbieten oder eine reale Therapie?

Er erklärte: »Ich will mir nur meine Freunde vom Hals schaffen.«

»Sie haben nicht Ihre Freunde am Hals, sondern die Wahrheit. Und Ihre Freunde weisen Sie immer wieder darauf hin.«

»Aber wenn ich es von ihnen nicht höre, kann ich es vergessen.«

»Sie können die Wahrheit vergessen. Die Wahrheit hat es nicht nötig, dass Sie sich an sie erinnern, damit sie existiert. Egal wie weit Sie laufen, sie ist da.«

»Es ist doch ganz einfach. Ich tauche hier auf und bezahle Sie. Dann kann ich meinen Freunden erzählen, dass ich eine Therapie mache.«

»Aber Sie werden keine Therapie machen. Sie werden in einer vorgetäuschten Therapie sein.«

»Sie werden das nicht wissen.«

»Aber wir werden es wissen. Sie fordern mich dazu auf, eine Lüge als Therapie anzubieten, von der wir wissen, dass sie nicht real wäre. Indem Sie Unehrlichkeit von mir erkaufen, erhoffen Sie sich, die Realität kaufen zu können, aber die steht nicht zum Verkauf.«

Er grinste: »Ich werde es niemandem erzählen. Sie würden mir damit einen großen Gefallen tun.«

»Ich würde Ihrer Lüge einen Gefallen tun und nicht Ihnen. Wenn ich Ihnen meine Integrität verkaufe, wäre ich ein nutzloser Lügner. Ein weiterer Betrüger in Ihrem Leben.«

»Ich war schon bei Therapierenden und in Entwöhnungsbehandlungen, und sie haben mein Geld gerne genommen.«

»Würde ich Ihr Geld für das annehmen, was Sie von mir wollen, wäre ich korrupt, Ihres Vertrauens nicht würdig. Sie hätten keinen Grund, mir zu vertrauen.«

»Wollen Sie mir sagen, dass ich mir jemand anderen suchen soll?«

»Sie können bestimmt Leute finden, die Ihnen beim Lügen helfen werden, wenn Sie nur lange genug suchen, aber warum einen Lügner als Therapeuten anstellen?«

In der Therapie und im Leben treffen wir auf Lügnerinnen und Lügner. Wir müssen uns ehrlich eingestehen, dass sie lügen. Und wenn wir sie dabei unterstützen, lügen wir uns selbst an.

Wir hoffen darauf, geheilt zu werden, und fürchten uns doch vor dem, was uns heilen könnte: die Wahrheit zu sagen, sie zu fühlen und uns ihr zu stellen. Jede und jeder von uns lügt, und wir werden unsere Abwehrmechanismen nicht aufgeben, nur weil unser Therapeut sie uns aufzeigt. Wir werden sie nicht mehr anwenden, wenn unser Therapeut ehrlich ist und weder mit uns konspiriert noch unsere Abwehrmechanismen ignoriert. In einer heilenden Beziehung müssen wir beide ehrlich sein.

Wir fordern jemanden, der lügt, nicht dazu auf, ehrlich zu sein. Das ist unsere Lüge, unser Widerstand, uns seinen Lügen zu stellen. Derjenige, der lügt, verlangt von uns, die Unwahrheit zu sagen, um herauszufinden, ob wir vertrauenswürdig sind. Und wenn er lügt, müssen wir die Dringlichkeit in seiner Stimme oder in unserem Herzen wahrnehmen, denn während die Rufe seines ehemaligen Potentials unter seinen Lügen verschwinden, werden sie zunehmend dumpfer, bis sie schließlich ganz verstummen.

Entwertung

Eine weitere Lüge, die wir verbreiten, ist Entwertung. Eine Frau behauptete, dass ich nutzlos, meine Bemerkungen lächerlich und die Therapie wertlos sei. Sie entwertete mich, ihre besten Freundinnen und ihre Familie, verprellte sie dadurch und bestrafte sich mit lebenslanger Einsamkeit.

Jede und jeder von uns wird irgendwann einmal entwertet werden. Es hat nicht mit uns persönlich zu tun; es ist etwas Unpersönliches im Zusammenhang mit den Abwehrmechanismen, die Personen, die uns abwerten wollen, nutzen. Es ist weder die Schuld des Hydranten, wenn der Hund sein Bein hebt, noch ist es unsere Schuld, wenn Menschen uns entwerten. Sie behaupten, dass wir keinen Wert haben, um zu vermeiden, dass sie von dem Wert abhängen, den wir anzubieten haben. Durch Entwertung wehren sie die Gefahr ab, auf andere angewiesen zu sein. Oder sie mögen unseren Wert negieren, um einen imaginären Sieg zu erzielen, wenn sie neidisch auf unseren echten Erfolg sind.

Sie sind unfähig, ihren Neid zu tolerieren, und werten das in uns ab, was sie in sich selbst nicht finden können.[23]

Als diese Frau behauptete, dass die Therapie nutzlos sei, fragte ich:

»Fällt Ihnen auf, wie Sie mich entwerten?«

»Wollen Sie sagen, dass ich Sie wertschätzen muss?«

»Nein. Sie können mich entwerten. Wir leben in einem freien Land. Aber solange Sie mich entwerten, treten Sie in Beziehung mit einem wertlosen Therapeuten und stehen am Ende mit einer wertlosen Therapie da.«

»Diese Therapie ist wertlos.«

»Es freut mich, dass wir darin übereinstimmen. So lange Sie mich entwerten, wird diese Therapie wertlos sein.«

»Diese Therapie bringt mir rein gar nichts.«

»Natürlich nicht. Wenn Sie mich entwerten, werden Sie sich nicht auf mich einlassen und werden aus der Therapie nichts für sich mitnehmen. Sie können mich weiter abwerten, wenn das für Sie funktioniert, aber die Therapie wird zum Scheitern verurteilt sein.«

»Warum sollte ich Sie nicht entwerten?«

»Ich bin Ihr Therapeut, nicht Ihre Toilette.«

»Was, wenn Ihre Therapie wertlos ist?

»Ist die Therapie wertlos oder sind es Ihre Entwertungen? Sie können mich abwerten. Ich kann Sie nicht daran hindern, aber dann wird dies eine weitere, gescheiterte Therapie auf dem Friedhof der gescheiterten Therapien werden. Und wir werden das Begräbnis für das Leben abhalten müssen, welches Sie hätten haben können. Warum Ihre Therapie sabotieren? Warum Ihr Leiden ewig fortführen?«

Sobald wir jemanden dazu einladen, eine enge Beziehung mit uns einzugehen, wird unsere Einladung die Erinnerungen aus vergangenen Beziehungen aufwühlen. In der Vergangenheit dieser Frau hatten sie die Menschen verletzt, die sie geliebt hatte. Mein Hilfsangebot brachte gemischte Gefühle in ihr empor: Sie wollte meine tatsächliche Hilfe und fürchtete sich vor meiner imaginierten Grausamkeit.

Anstatt das Risiko einzugehen, wie in der Vergangenheit selbst entwertet zu werden, entwertete nun sie Menschen in der Gegenwart. Sie reinszenierte ihre Vergangenheit: »Da du mich verlassen und abwerten wirst, wenn ich von dir abhängig bin, werde ich dich zuerst entwerten.«

Wenn Menschen uns entwerten, mögen wir so wütend sein wie sie, als andere sie entwertet haben. Bemerken wir diesen Ärger nicht, kann es sein,

---

23 Melanie Klein, *Envy and Gratitude and Other Works 1946-1963* (New York: Delacorte Press, 1973).

dass wir ihn auf uns selbst richten: »Vielleicht hat sie recht: Ich bin nicht gut genug.« Oder, eingeschüchtert von ihr, könnten wir uns der Entwertung so unterwerfen, wie die Patientin sich ihrer Mutter unterworfen hatte: »Da sie wütend wird, wenn ich rede, wird sie mich vielleicht mögen, wenn ich still bleibe.«

Sigmund Freud bezeichnete den Prozess vom Verstehen und Interpretieren dieser Dynamiken als »durcharbeiten«.[24] In Anerkennung der intensiven Gefühle, die während dieses Prozesses emporkommen, schlugen interpersonelle Analytiker jedoch vor, dass wir den Vorgang »durchleben« nennen.[25] In Beziehungen stellen wir uns intensiven Gefühlen und lernen, indem wir diese durchleben. Das bedeutet, dass wir uns Entwertungen stellen müssen, wann immer sie auftreten, sei es von Seiten einer Vorgesetzten oder eines Vorgesetzten, einer Kollegin oder eines Kollegen oder von Seiten einer Partnerin oder eines Partners.

Werten uns Menschen ab, könnten wir unser Schweigen als Reaktion darauf mit Freundlichkeit verwechseln, aber Entwertung zu akzeptieren ist eine masochistische Unterwerfung. Der mittelalterliche Theologe Thomas von Aquin sagte einmal, dass wir uns niemals einer anderen Person unterwerfen sollten, denn dadurch würden wir sie zum Sündigen auffordern.[26] Indem sie andere Menschen immer wieder entwertet, schadet sie sich, und wenn wir die Entwertung akzeptieren, schaden uns der Ärger, die Depression und die Verzweiflung, die sich daraus ergeben. Unterwerfung und Vergeltung helfen nicht. Was sollten wir also tun? Die Wahrheit sagen.

Entwertungen sind keine Erkenntnisse, sondern Exkremente des Verstandes. Wir sind nicht nutzlos; die Entwertung durch die andere Person ist es. Paradoxerweise offenbart Entwertung aber gerade *unseren* Wert – also das, worum uns der Mensch, der uns entwertet, beneidet, und das, was er von uns auf keinen Fall annehmen will. Entwertung lässt eine Person aushungern und beraubt sie jeglicher menschlicher Beziehung. Sie versucht alles Gute auszulöschen, das Neid auslöst.

---

24 Sigmund Freud, »Remembering, Repeating and Working Through (Further Recommendations in the Technique of Psychoanalysis II)« (1914), in *The Standard Edition of the Complete Psychological Works of Sigmund Freud* (London: Vintage Books, 2001), 12:145–156

25 John Fiscalini, *Coparticipant Psychoanalysis: Toward a New Theory of Clinical Inquiry* (New York: Columbia University, 2012).

26 Thomas von Aquin, *Summa Theologica* (New York: Christian Classics, 1981).

Um den Mord an einer jeden Beziehung zu beenden, nicht nur den an einer Therapie, antworten wir auf Hass mit Stärke.[27] Eine Person kann uns entwerten, wenn sie das möchte, aber wir haben auch eine Wahl: Wir können getrennter Wege gehen, anstatt mit dem Krebs ihres Lebens zu kollaborieren. Wenn wir uns nicht länger ihrer Entwertung unterwerfen, kann sie in uns einen Freund gewinnen, oder in diesem Fall einen Therapeuten, den sie nicht zerstören, sondern auf den sie sich verlassen kann.

Wenn Menschen uns entwerten, setzen wir Grenzen, um unsere Beziehung nicht zur Latrine werden zu lassen[28]. Stimmen wir der Entwertung durch eine Person zu, ermutigen wir sie, ein Verbrechen zu begehen: eine Beziehung zu töten. Wir sollten uns der Entwertung niemals geschlagen geben, auch wenn das Leben und die Therapie mit Unterwerfung einhergehen. Wir unterwerfen uns der Wahrheit, nicht einer Lüge, und Entwertung ist eine Lüge, die uns erzählt wird.

Wir sterben einen Tod, aber tausend Tode durch Selbstzweifel

Manchmal entwerten uns andere Menschen. Viel öfter setzen wir uns aber selbst herab. Eine Frau sagte zu mir: »Ich habe immer irgendwas an mir auszusetzen. Ich zweifle den ganzen Tag an mir.« Ihre Selbstzweifel waren Selbsthass, der sich als »höhere Gedanken« ausgab.

»Ich möchte zu diesem Workshop gehen, aber ich bin nicht schlau genug dafür.«

»Könnte das ein selbstkritischer Gedanke sein?«

»Was, wenn ich nicht das Zeug dazu habe?«

»Könnten das Selbstzweifel sein?«

---

27 Donald Winnicott, *Maturational Processes and the Facilitating Environment: Studies in the Theory of Emotional Development* (London: Karnac Books, 1966).

28 Herbert Rosenfeld, *Impasse and Interpretation: Therapeutic and Anti-therapeutic Factors in the Treatment of Psychotic, Borderline, and Neurotic Patients* (New York: Routledge, 1987). Rosenfeld erörtert die »lavatorische Übertragung«, die Beziehung, durch die die Patientin den Therapeuten abwertet, um zu vermeiden, dass sie den Therapeuten um das beneidet, was dieser der Patientin bieten kann und was die Patientin selbst nicht anbieten kann. Französische Psychoanalytiker wie André Green haben dieses Muster der Abwertung als »Fäkalisierung« bezeichnet.

»Was, wenn ich scheitere?«

»Können wir den morgigen Tag heute leben?«

»Nein.«

»Fällt Ihnen auf, dass Sie Ihre Zukunftsfantasie dazu missbrauchen, sich schon heute zu quälen? Es ist, als würden Sie sagen: ›Warum erst später leiden, wenn ich jetzt schon leiden könnte?‹«

Sie lachte leise: »Das mache ich häufig.«

»Bestraft Sie dieser Vorschuss an Selbstzweifeln dafür, dass Sie Ihren Chef für einen besseren Job verlassen wollen?«

Sie lachte schuldbewusst.

Wenn wir an uns selbst zweifeln, lehnen wir es ab, uns zu unseren Gefühlen zu setzen, um zu entdecken, wer da auftauchen könnte. Wir sorgen uns schon im Vorhinein und füllen die Zukunft mit Befürchtungen, anstatt uns in das Unbekannte, das in uns schlummert, vorzuwagen.

Wir gehen mit einer Kerze durch das Leben und bilden uns ein, dass das Licht die Welt zeigt, wohingegen es nur Fragmente des Lebens offenbart. Unser wahrer Wert liegt nicht innerhalb des Lichts, sondern in der Dunkelheit. Wer kennt die Zukunft? Niemand. Die Aufgabe ist es, uns dem Unbekannten unserer selbst hinzugeben und es zu akzeptieren.

Während wir die Gewissheit des Zweifels aufgeben, können wir realisieren, wie er uns für unser wahres Potential blind gemacht hat. Und sobald wir nicht mehr an der Lüge der Selbstverleumdung festhalten, öffnen Gefühle unsere Augen, damit wir die Wahrheit leben können, die zuvor unter den Selbstzweifeln verborgen war.

Gaslighting

Andere blenden uns, indem sie uns auffordern, ihren Lügen zuzustimmen, und wir blenden uns selbst mit falschen Überzeugungen. Anstatt zuzugeben, dass wir die Tiefen einer anderen Person nie ausloten können, behaupten wir, sie zu kennen, und diese Gewissheit wird zu einem neuen blinden Fleck. Um eine Person zu kennen, müssen wir beginnen zu begreifen, dass wir es nicht tun. Nicht-Kennen ist die Voraussetzung dafür, mehr über eine Person zu erfahren. Es erlaubt uns, uns selbst für das Mysterium eines anderen zu öffnen. Doch was passiert, wenn wir es ablehnen, uns anderen Menschen zu öffnen?

Ein Mann konsultierte mich wegen seiner vorherigen Therapeutin: »Sie hat mir gesagt, dass mein Blinzeln bedeutet, dass ich mörderische Wut fühle. Stimmt das?«

»Nein. Das ist Gedankenlesen, keine Therapie«, antwortete ich. Wenn wir die Tiefen eines anderen Menschen nicht kennen, leben wir mit einem Risiko. Wir müssen unsere Fantasien verwerfen, um mit ihm in Beziehung zu treten.

Dieser Mann fuhr fort: »Wenn sie mir etwas Negatives über mich selbst sagte und ich ihr widersprach, sagte sie, dass dies ein Beweis für meinen Widerstand sei. Wenn ich einem Vorwurf, den ich nicht für wahr hielt, beipflichtete, erhielt ich ihre Zustimmung. Ich fühlte mich wie in einer ausweglosen Situation.«

»Das war sie«, erwiderte ich.

Indem wir Widerspruch als Widerstand interpretieren, können wir versuchen, Menschen in die Unterwerfung zu mobben, und dies »Zusammenarbeit« nennen. Jede Tatsache kann dazu missbraucht werden, um Menschen zu überzeugen, dass unsere Projektion real ist. Das wird als »Gaslighting« bezeichnet, nach dem berühmten Film[29], in dem ein Mann die Fakten so sehr verschleiert und verdreht, dass seine Frau davon überzeugt ist, verrückt zu werden.

Jene, die versuchen, einen anderen Menschen zu dominieren und zu kontrollieren, helfen ihm nicht dabei, seine eigenen Worte zu finden, sondern legen ihm ihre Worte in den Mund – »Zuhören« als Bauchreden. Anstatt seine Konflikte zu erforschen, sagen sie ihm, was zu tun ist. Wenn sie sich unwohl fühlen, werfen sie ihm vor, die Gefühle zu »erzeugen«, die sie nicht fühlen wollen. Eine Therapeutin sagte zu ihrer Supervisorin: »Die Patientin überträgt ihre Verwirrung auf mich.« Die Supervisorin erwiderte: »Nein, meine Liebe. Ich fürchte, du bist verwirrt.«

Wir machen andere für unseren Gefühlszustand verantwortlich, ohne überhaupt erst unseren eigenen Gefühlen Aufmerksamkeit zu schenken. Beachten wir unsere Gefühle nicht, schreiben wir sie anderen Personen zu. Anschließend setzen wir diese Personen unseren Ansichten über sie gleich, z. B. »Dein Blinzeln bedeutet, dass du mörderische Wut fühlst.« So treten wir nicht mehr mit unserem Gegenüber in Beziehung, sondern mit einer Idee in unserem Kopf.

Anstatt andere zu drängen, unseren Ideen zu entsprechen, müssen wir aufnahmebereit werden und zulassen, dass die Wirklichkeit unsere Vorstellungen dem anpasst, was real ist. Eine Studentin fragte mich zu ihrer Pati-

29 Theodore L. Dorpat, *Gaslighting, the Double Whammy, Interrogation, and Other Methods of Covert Control in Psychotherapy and Analysis* (New York: Jason Aronson, 1966).

entin: »Was wird sie als Nächstes machen?« Ich sagte: »Ich weiß es nicht. Wenn Therapierende projizieren, was die Patientin oder der Patient tun wird, vermeiden wir es, uns dem zu stellen, was wir nicht wissen. Unsere Aufgabe ist es, offen für das zu sein, was wir nicht erwarten. Sind wir das nicht, machen wir Vorhersagen, und Vorhersage ist ein raffiniertes Wort für die Projektionen von Therapeutinnen und Therapeuten.«

Wir versuchen die Zukunft vorherzusagen, anstatt einfach in sie hineinzuleben und das Mysterium anderer Personen zu entdecken. Mit diesen Vorhersagen kontrollieren wir unsere Angst und Anspannung davor, dem Unbekannten entgegenzugehen. Ein Mann lernte in einer Bar eine Frau kennen und fragte sie nach ihrer Nummer. Später rief er sie an und wollte sich mit ihr verabreden, aber sie gab sich distanziert und stimmte einem Date nicht zu. Als ich ihn fragte, was er fühlte, sagte er: »Ich spüre ein überwältigendes Verlangen nach ihr. Ich weiß, dass sie mich lieben wird.« Selbstredend war das kein »Wissen«, sondern lediglich seine Überzeugung. Er liebte nicht sie. Er liebte nur die Art und Weise, wie er sie haben wollte. Er gab vor, dass sein Wunschdenken so groß wäre, dass er damit die Wirklichkeit unwirklich machen könnte. Er rief sie so lange an, bis sie seine Telefonnummer blockierte. Er versuchte sie zu kontrollieren, um dadurch zu vermeiden, seine Wut und seine Trauer zu fühlen: »Ich wurde abgewiesen.« Die Kontrolle, die er über sie ausübte, bedeutete, dass er sich im Krieg mit ihrer wahren Identität befand. Als er seine Vorstellung davon, wie sie sein »sollte«, fallen ließ, kontrollierte er sie unddas Leben an sich nicht länger. Er öffnete sich ihr, dem Verlust und seinen Gefühlen und akzeptierte das Leben, wie es war. Zuvor hatte er gedacht, dass er das Gesetz des Verlusts zurückweisen und die Realität umschreiben könnte. Später ließ er den Verlust und die Wut durch sich hindurchgehen. Anstatt sich zu wünschen, was nicht geschehen würde, begann er das zu akzeptieren, was tatsächlich passierte.

Anstatt uns selbst dem Leben zu öffnen, bekämpfen wir es vielleicht. Anstatt sich selbst dem Patienten oder der Patientin vor ihr zu öffnen, sagte eine Therapeutin ihren Patientinnen und Patienten, sie seien »hilflos, bemitleidenswert und verkrüppelt« oder »von tiefgreifender Pathologie erfüllt«. Sie wurden damit zu Giftmülldeponien für Projektionen, die als Interpretationen getarnt waren.

Wenn ich mit meiner Vorgeschichte von Destruktivität mit dir als jemandem sprechen kann, der ebenso durch das Leben stolpert wie ich, richte ich den Scheinwerfer nicht länger auf *deine* Pathologie, sondern auf *unsere* gemeinsame Menschlichkeit. Wenn wir unsere Probleme auf andere schieben, versuchen wir unsere Krisen an dieser Stelle zu kontrollieren. Dabei vergessen wir, dass wir bei anderen verurteilen, was wir bei uns selbst ablehnen.

Dieser Mann, der die Frau liebte, die ihn abwies, glaubte, dass sie seinen Wunsch lieben sollte und nicht ihren. Er verurteilte sie dafür, dass sie ihn zurückgewiesen hatte, als er ihren Willen ablehnte. Er war der Ansicht, sie hätte ihm keine Chance gegeben. In Wirklichkeit hatte er ihr keine Chance gegeben. Er musste sie akzeptieren, anstatt seinen Wunsch zu lieben. In seiner Fantasie hatte er so ein tolles Drehbuch für sie. Er war überzeugt davon, dass sie ihn abgewiesen hatte, wobei er doch sie so zurückgewiesen hatte, wie sie war.

Wenn wir von anderen Menschen nicht länger verlangen, unseren Idealen zu entsprechen, können wir ihnen und uns gegenüber ehrlich sein und aufhören, das Leben zu bekämpfen. Beim Gaslighting, versuchen wir die Realität zu ändern oder andere davon abzulenken, damit wir in unserem Wunschbrunnen leben können. Im Leben akzeptieren wir, wie andere *sind*, und nicht, wie wir sie haben *wollen*. Bis es so weit ist, widersetzen wir uns dem Leben und denken dabei, dass sich das Leben uns widersetzt.

Kann meine Liebe *seine* Abwehrmechanismen zum Schmelzen bringen?

Wenn es so wäre, würde niemand mehr Abwehrmechanismen nutzen. Psychiaterinnen und Psychiater, angefangen von Bruno Bettelheim[30] bis hin zu Aaron Beck[31], haben gesagt: »Liebe ist nicht genug.« Warum hält sich dieser Mythos so hartnäckig? Es war die Strategie unserer Kindheit: »Liebe ich Mama und Papa, werden sie mich auch lieben.«

Die Liebe ist mächtig; aber die Tür muss offenstehen, damit die Liebe das Haus betreten kann. Wenn Abwehrmechanismen die Tür schließen, kann niemand eintreten. Das Kind denkt, dass die Herzen seiner Eltern sich wegen seiner Taten verschlossen haben. Es gibt sich selbst die Schuld und ist überzeugt davon, dass es ein besseres Kind werden muss und noch liebevoller, damit ihre Herzen sich wieder öffnen.

Wir hegen diesen Wunsch immer noch und hoffen, dass, wenn wir freundlich sind, andere freundlich sein werden; wenn wir nett sind, sie nett

30 Bruno Bettelheim, *Love Is Not Enough* (New York: Free Press, 1950).

31 Aaron Beck, *Love Is Never Enough* (New York: Harper Perennial, 1989)

sein werden; wenn wir sie lieben, sie uns lieben werden. Kann die Liebe Tatsachen aus der Welt schaffen?

Selbst in der Therapie finden wir diese Vermählung von Fantasien. Eine Therapiewebsite fragt potentielle Patientinnen und Patienten: »Wie wäre Ihr Leben, wenn Sie einen Vater hätten, der wüsste, wie er Sie lieben und sicher durch Ihre verschiedenen Lebensabschnitte begleiten soll? Wäre Ihr Herz offener für die Liebe? Als erwachsener Mensch nachbeeltert zu werden, kann eine bereichernde Erfahrung für Männer und Frauen sein, die zu wenig beeltert wurden.« Was für ein schönes Märchen: Eine Therapeutin oder ein Therapeut bietet mir die Liebe, die mein Vater mir nicht gegeben hat, und alle Entbehrungen der Vergangenheit werden auf magische Weise beseitigt.

Wer hat nicht schon einmal gehofft, dass eine Liebe in der Gegenwart den Schmerz der Vergangenheit verschwinden lassen würde. Wir wünschen uns, dass die Liebe magische Kräfte hätte, und angesichts des enormen Schmerzes können Therapierende sich dasselbe wünschen. Ein Psychotherapeut forderte vor Jahren seine Patientinnen und Patienten dazu auf, Windeln zu tragen, sich auf seinen Schoß zu setzen und an einer Babyflasche zu nuckeln. Er versuchte sie nachzubeeltern, um die Fehler der Eltern ungeschehen zu machen.

Doch was verloren ist, ist leider verloren. Nachbevaterung, Nachbemutterung und Nachbeelterung sind keine Therapie, sondern Hokuspokus, ein Versuch, die Leere in der Vergangenheit mit Fantasien in der Gegenwart zu füllen. Wir können die Toten nicht zum Leben erwecken. Wir können die DVD des Lebens nicht zurückspulen und neu aufnehmen. Unfähig, die Vergangenheit auszuradieren, können wir nur eine bessere Gegenwart erschaffen und Verluste als Teil des Lebens akzeptieren.

Während wir uns wünschen, wir könnten den Schmerz der Vergangenheit durch Liebe auslöschen, müssen wir uns den Beschränkungen des Lebens, des Verlusts und des Todes stellen, damit wahre Heilung stattfinden kann. Eine Therapie kann nicht ersetzen, was wir verloren haben, aber sie kann uns dabei helfen, unsere Schranken, die uns von der Liebe trennen, zu überwinden. Anschließend können wir betrauern, was in der Vergangenheit unmöglich war, um das entstehen zu lassen, was heute möglich ist.

Es ist unmöglich, Abwehrmechanismen mit Liebe zum Schmelzen zu bringen. Liebe ist kein Wasser, und Abwehrmechanismen sind kein Eis. Der Versuch, Abwehrmechanismen mit Liebe zum Schmelzen zu bringen, kommt dem Versuch gleich, ein Feuer zu entzünden, während unser Partner oder unsere Partnerin Wasser darauf gießt. In dieser blinden Liebe sehen wir nicht die ganze Person, sondern nur den Teil, den wir wollen. Anstatt die Tatsachen zu akzeptieren – z. B. »Er lehnt mich ab« –, lieben wir die Eigenschaften, die wir haben wollen, und ignorieren die Person, die wir vorfinden. Das ist kein heroischer Akt, sondern Hass auf die Person. Wir versuchen durch Omnipotenz größer zu werden als die Realität: »Ich werde dich *zwingen,* mich zu lieben, auch wenn du mich ablehnst.«

Der Versuch, jemanden *zu zwingen*, uns zu lieben, ist keine Liebe, sondern Gewalt. Wir versuchen den Menschen zu töten, den wir treffen, und den zu lieben, den wir wollen. In Wirklichkeit lieben wir nicht ihn. Wir lieben das *Fantasiegebilde*, zu dem wir ihn machen wollen.

Wir wünschten, unsere Liebe würde ausreichen, um zu heilen, aber wenn unsere Abwehrmechanismen die Tür schließen, kann die Liebe nicht hereinkommen. Sind unsere Herzen nicht offen, müssen wir sie öffnen. Sind die Türen der anderen jedoch verschlossen, müssen wir neue Türen suchen, offene Türen, durch die die Liebe schließlich eintreten kann.

4 Sterben, bevor man stirbt

Im Leben und in der Therapie sind wir mit zwei Toden konfrontiert: dem Tod unseres Körpers und dem Tod unserer Illusionen. Um in der Wahrheit leben zu können, müssen wir »sterben, bevor wir sterben«. Das heißt, wir müssen den Tod unserer Verleugnung und das Abstreifen unserer Fassade erleben, der Bilder, die wir von anderen bewundern und verstärken lassen.

Anschließend halten Therapierender und Patientin oder Patient die Beerdigung für das falsche Selbst ab – das Image, das wir von uns selbst hatten und das andere ebenfalls von uns haben sollten. Betrauern wir den Tod unseres Selbstbildes, löst sich unsere Verleugnung auf und unsere Illusionen verfliegen. Anschließend beginnen wir zu erkennen, wer wir wirklich sind, wer schon immer unter den Lügen verborgen war.

Liebe und Tod

Damit die Liebe in unsere Herzen einziehen kann, müssen wir aufhören, uns hinter Fassaden zu verstecken. Wir sind dazu bestimmt, in der Wahrheit zu leben, und trotzdem bleiben wir durch unser Selbstbild gefangen. Wie kann uns jemand jemals lieben, wenn er stattdessen unserer Fassade begegnet.

Das sogenannte »Ich« oder die Identität ist ein Image, das wir präsentieren, ein Image, das wir pflegen und das andere ebenfalls pflegen sollen. Als Junkies, süchtig nach unserer intravenösen Dosis Selbstwertgefühl, hoffen wir darauf, dass andere uns Mitleid oder Anerkennung entgegenbringen. Andernfalls würden sie sehen, wer wir sind. Und wenn sie das tun, tritt die Katastrophe ein: Unsere falschen Vorstellungen, Selbstbilder und Identitäten lösen sich auf.

Eine liebgewonnene Identität fallen zu lassen, kann schmerzlich sein. Eine Architektin kam in meine Praxis, nachdem ihre Angestellten sie wegen beleidigenden und rassistischen Verhaltens verklagt hatten. Sie war außer sich vor Wut und war überzeugt davon, dass ihre Angestellten sie verfolgten. Ihr Ehemann versuchte, sie zu beruhigen und sie an Momente zu erinnern, in denen der Umgang mit ihren Mitarbeiterinnen und Mitarbeitern zu aggressiv oder gar toxisch gewesen war. Sie schimpfte mit ihm.

»Mir fällt auf, dass Sie auf die Äußerung Ihres Ehemanns reagiert haben«, sagte ich.

Sie sagte in gereiztem Ton: »Ja, er ist auch gegen mich.«

»Welche Beweise gibt es dafür?«

»Er stellt sich immer wieder auf ihre Seite.«

»Er hat sich gefragt, ob Ihre Äußerungen zu heftig waren. Waren sie das Ihrer Meinung nach?«

»Ja, aber sie haben es verdient.«

»Okay. Wenn Ihre Äußerungen zu aggressiv waren, ist er dann gegen Sie oder diese Angewohnheit, heftige Kommentare zu machen?«

»Oh.«

»Sie haben recht: Diese Angewohnheit ist gegen Sie gerichtet. Da Ihr Ehemann nicht im Büro anwesend ist, schaden Ihre Äußerungen Ihnen dann mehr als es Ihr Ehemann tut?«

»Wollen Sie damit sagen, dass ich ein feindseliges Miststück bin?«

»Nein. Ich stelle mir die Frage, ob Ihre Äußerungen feindselig Ihnen gegenüber sind, ob sie Ihren Wunsch nach Erfolg sabotieren.«

»Ich glaube, Sie haben recht, aber ich habe das Gefühl, dass Sie mich verurteilen.«

»Es ist, als ob Sie sich in Gegenwart einer Person befinden, die Sie dazu auffordert, sich selbst zu zeigen, damit sie das, was Sie sagen, dazu missbrauchen kann, Sie einzuschätzen und zu verurteilen.«

»So fühlt es sich an.«

»Dieses Bild eines Richters drängt sich zwischen uns beide, und dann haben Sie es mit einem Richter zu tun anstatt mit mir.« Als sie sich im Stuhl entspannte, fuhr ich fort: »Menschen, die Angst davor haben, dass ich sie beurteile, leiden häufig unter zu viel Selbstkritik. Leiden Sie auch unter zu viel Selbstkritik?«

»Ja, ich hasse mich, seitdem ich von der Klage erfahren habe.«

»Möchten Sie meine Hilfe dabei, dieses Muster der Selbstkritik zu überwinden, damit Sie diese Probleme aus einer Position der Ruhe heraus angehen können und nicht aus einer Position der Furcht heraus?«

Sie sehnte sich nach Bewunderung, aber ihre unterschwellige Unsicherheit hatte dafür gesorgt, dass sie andere genauso wie sich selbst kritisierte. Als diese Angriffe eskalierten, sank ihre Beliebtheit bei den Angestellten und ihre Selbstkritik nahm zu, wodurch der Kreislauf erneuert wurde, bis die Klage schließlich der endgültige Schlag für ihr Selbstwertgefühl war. Sie musste den Tod ihres Selbstbildes, der »perfekten« Frau, ertragen, sich ihrem Verhalten stellen und die Konsequenzen tragen. Stattdessen war sie wütend darüber, dass ihr Ehemann und ihre Firma sie nicht unterstützten.

Sie unterstützten sie schon, aber nicht ihre Lüge: die Fassade der perfekten Frau. Verlieren wir unser Selbstbild, versuchen wir, es wiederherzustellen, und bitten andere, das auch zu tun. Wir lügen uns selbst an und fordern andere zum Lügen auf, aber das Leben wirbelt um uns herum, und dabei sind ihm unsere Verleugnung, unsere Überzeugungen und unsere Empörung völlig egal.

Ihr Ehemann versuchte ihren beruflichen Suizid aufzuhalten: Das war sein Akt der Liebe. Aber damit seine Liebe in ihr Herz einziehen konnte, musste sie ihr Selbstbild von Perfektion fallen lassen. Um sich selbst zu sehen, war es notwendig, dass sie die Fakten nicht länger leugnete. Aber anstatt uns selbst zu akzeptieren, klammern wir uns an unser Selbstbild und sind dabei nicht länger offen für diesen Moment, für das Geschenk des Lebens.

Die Architektin fragte mich später: »Muss ich akzeptieren, was Sie und die anderen mir sagen?«

»Nein. Sie können ablehnen, was wir sagen, und schauen, ob das funktioniert. Sie müssen sich weder auf die Realität zu- oder von ihr wegbewegen, denn wir sind von ihr umgeben. Alles, was Sie brauchen, ist die Fakten zu sehen, ohne sie abzulehnen, sie zu manipulieren oder zu versuchen, sie an Ihre Lieblingsansichten anzupassen.«

Die Gemeinschaft mit der Wahrheit verändert uns. Antworten, die in der Vergangenheit bei anderen Menschen funktioniert haben, sind nicht die Antworten für heute. Wir müssen alte Antworten fallen lassen, um zu erleben, was wir vermeiden.

Als die Architektin ihrem Ehemann, ihren Angestellten und sich selbst zuhörte, akzeptierte sie, dass sie nicht länger dem Image entsprach, das sie vorgetäuscht hatte. Als sie eines Tages weinte, nachdem sie ihre verbale Grausamkeit eingesehen hatte, legte sie ihre selbstgerechte Empörung ab und fühlte stattdessen ihre Schuld und vereinte sich so mit ihrer Menschlichkeit. »Ich dachte, ich wäre besser als das«, sagte sie.

Wenn wir unseren Schmerz akzeptieren, können wir die Therapie als eine Art Subtraktion betrachten, bei der wir das Bekannte (unser Selbstbild) loslassen und in das Unbekannte (was außerhalb unserer Illusionen lebt) laufen. Als diese Frau ihre Fassade der perfekten Frau fallen ließ, akzeptierte sie sich selbst als unvollkommenes menschliches Wesen, das aber lieben und vergeben konnte. Und als sie mit ihrer Liebe führte, trat eine neue Version von ihr zutage.

Sobald wir diese Identitäten aufgeben, verschwinden die imaginären Schleier zwischen uns. Wir fürchten uns zu Recht vor der Liebe. Sie fordert uns auf, unsere Fassaden abzulegen. Wenn wir unsere Fassaden fallen lassen und trauern, versinken wir unter unserem Selbstbild in die wortlosen Tränen.

»Ich habe Angst vor dem Tod«

Eine Therapeutin sagte: »Mein krebskranker Patient hat Angst zu sterben. Wie gehe ich damit um?«

»Können Sie offen für seine Furcht sein und sie zulassen, damit er herausfinden kann, worauf seine Angst hindeutet?«

»Ich mache mir Sorgen darum, wie viel Zeit wir noch haben werden.«

»Stimmt. Wir wissen es nicht.«

»Ich fühle mich ängstlich angespannt. Ich frage mich, wann ich die Therapie beenden soll.«

»Der Tod wird das tun. Haben Sie den Wunsch, die Therapie zu beenden, bevor er stirbt, damit Sie nicht bis zum Ende bei ihm bleiben müssen?«

»Das fühlt sich richtig an. Ich habe Angst davor, dass er mich fragt, was der Tod bedeutet.«

»Können Sie an seiner Seite bleiben, ohne eine Antwort darauf zu haben?«

»Er fragt sich ständig, ob der Tod eine Strafe Gottes ist.«

»Nein. Er kommt uns nur wie eine Strafe vor, wenn wir in einer imaginären Welt leben, in der alles ewig währt.«

Da wir nicht bereit sind, uns dem Leben zu stellen, verbringen wir unser Leben in Verleugnung und laufen vor den Beschränkungen und dem Ende davon, obwohl keiner von uns dem Tod entfliehen kann. Und erst wenn der Tod naht, endet unsere Verleugnung, kurz vor unserem eigenen Ende. Bis es so weit ist, hält unser Wunschdenken den Tod von uns fern.

Unser Wunsch nach einer Welt ohne Verluste führt zu ständigem Leid. Wir warten auf die Welt, die wir wollen, aber stattdessen kommt die reale Welt. Die Todesfälle häufen sich: natürliche Tode, Krankheiten und die Verluste geliebter Personen, bis wir die Nächsten in der Reihe sind. Diese Todesfälle zerschlagen unsere Fantasien, bis unsere Weigerung, uns den Grenzen zu stellen, ihren letzten Atemzug tut und stirbt.

Dieser Protest ist nicht nur individuell, sondern auch kulturell bedingt. Die westliche Kultur hat eine Todesphobie. Mit fantastischen Slogans fliehen wir vor dem Sensenmann: »Just do it!«, »Du kannst sein, wer du willst!«, »Du kannst alles haben!«. Diese Fantasien werden uns als real in die Köpfe eingetrichtert, jedoch erweisen sich stattdessen die Beschränkungen des Lebens und des Todes als echt.

Der Schrecken des Endes erscheint selten als Angst, da wir unsere Angst vor dem Tod abwehren, durch Ernährungstrends, Schönheitsoperationen, das Färben unserer Haare, das Leben als *Homo consumens* und den verzweifelten Drang, mehr zu tun und mehr zu »sein«. Währenddessen wird unsere Haut faltig, unser Haar ergraut und wir tun weniger und weniger, unfähig das zu sein, was wir nicht sind: jünger und weiter vom Tod entfernt.

Ein mit mir befreundeter Ernährungsberater sagte: »Iss richtig, mach Sport und stirb trotzdem.« Sehen wir das Sterben als eine Schlacht an, die es zu gewinnen gilt, werden wir verlieren. Egal welche Diät wir einhalten oder welche Schönheitsoperationen wir durchleiden, wir werden bald zu Wurmfutter. Lehnen wir das Leben nicht länger ab, stellen wir uns dem Hineinleben in den Tod. Die folgende Fabel beschreibt diesen Weg.

Eine Puppe aus Salz ging das erste Mal am Meer spazieren. Die Puppe fragte: »Wer bist du?«

Das Wasser antwortete: »Ich bin das Meer. Komm herein und finde es heraus.«

Sie lief in die Wellen, und kurz bevor sie sich auflöste, keuchte sie: »Ah, jetzt verstehe ich, wer ich bin.«[32]

Unsere Trauer ist keine Sache, die wir in Schach halten, managen oder verstehen müssen, sondern wir müssen in ihr leben, damit sich unsere Illusionen auflösen können. Dadurch kann das Reale auftauchen. Wenn wir den Verlust unserer Illusionen betrauern, werden wir eins mit dem, was ist. Beim Sterben löst sich unsere Verleugnung auf und unsere Prioritäten verlagern sich von den Illusionen weg hin zur Wahrheit.

Wir sterben nicht aus freiem Entschluss, aber wir können uns entscheiden, uns den Gefühlen darüber zu stellen. Wir begleiten unsere Freundinnen und Freunde, Kolleginnen und Kollegen und unsere Lieben, indem wir ihnen die Hand halten, während sie in die Dunkelheit eintreten, und lernen dabei, dass auch wir sterben werden.

Um in das Mysterium das Todes einzutauchen, müssen wir unsere liebgewonnenen Illusionen opfern. Wenn die Trauer unsere Verleugnung auflöst, stirbt sie vor uns. Da das Sterben uns durchdringt, leben wir, während wir sterben. Der Tod ist immer gegenwärtig, denn jeder Moment stirbt und wird durch einen anderen ersetzt.

Das Sterben lädt uns dazu ein, unsere Verleugnung loszulassen und offen für das zu sein, was ist: Wir leben immer in den Tod hinein. Und teilen wir diese Erfahrung mit einem sterbenden Freund, geben wir ihm, was er mit ins Grab nehmen *kann* – Liebe. Einen Menschen zu lieben, der die Schwelle überschreitet, und von diesem geliebt zu werden, ist wahrhaft ein Segen. Es fordert unsere Fähigkeit heraus, den Moment zu akzeptieren, und führt

32 Das Märchen von der Salzpuppe ist in vielen nondualen Traditionen wie dem Buddhismus und dem Hinduismus bekannt und wurde unter anderem von Ramana Maharshi verwendet.

schließlich zu noch tieferer Trauer – unsere Menschlichkeit offenbarend. Wenn wir dasitzen, seine Hand halten, ihn lieben und wissen, dass er sich geliebt fühlt, fühlen wir, worauf Joseph von Eichendorff in seinem Gedicht »Im Abendrot« hinweist:

O weiter, stiller Friede!
So tief im Abendrot,
Wie sind wir wandermüde –
Ist dies etwa der Tod?[33]

»Ich will sterben!«

Während die meisten von uns aufgrund von Krankheit oder Verfall sterben, wählen einige den Tod, um ihrem Schmerz zu entkommen. Stirbt die Liebe, mögen wir, wie es ein depressiver Mann tat, sagen: »Ich will sterben. Ich kann nicht weitermachen.« Wie überwindet eine Therapeutin den Drang eines Patienten zu sterben?

Sie tut es nicht. Sie akzeptiert und untersucht sein Verlangen nach dem Tod. Offen für diesen Wunsch des menschlichen Herzens betrachtet sie den Patienten nicht wie ein Objekt, das repariert werden muss, sondern wie eine Person, die Liebe braucht. Sie reicht ihre Hand, keine Tablette. Denn, wenn sie versucht, ihn davon zu überzeugen, sich nicht selbst zu töten, distanziert sie sich von seinem Schmerz und von unserem universellen Drang aufzugeben, wenn unsere Hoffnung erloschen ist. Wenn sie ihm sagt, dass er leben soll, wenn er doch sterben will, ist das kein Zuhören.

Ich fragte einen depressiven Patienten: »Seit wann wollen Sie sterben?«

»Meine Freundin und ich waren verlobt und hatten den Termin für die Hochzeit festgelegt«, antwortete er. »Eines Nachts sind wir auf eine Party gegangen und haben zu viel getrunken. Ich war mit meinen Freunden auf der Terrasse, als mir auffiel, dass sie nicht da war. Ich begann sie zu suchen, öffnete die Tür zu einem Schlafzimmer und sah, wie sie mit dem Typen Sex hatte, dem das Haus gehörte. Ich konnte es nicht glauben. Ich ging raus, stieg in mein Auto und fuhr nach Hause. Am nächsten Tag rief sie mich an und entschuldigte sich, aber sie sagte, dass sie in diesen Typen verliebt sei und die

33 Aus dem Gedicht »Im Abendrot« von Joseph Freiherr von Eichendorff, das in *Vier letzte Lieder* von Richard Strauß verwendet wurde.

Hochzeit absagen wolle. Ich dachte mir, vielleicht kommt sie darüber hinweg.«

»Welche Gefühle fühlen Sie ihr gegenüber, weil sie Sie betrogen hat?«

»Ich fühle mich deprimiert.«

»Und wie fühlen Sie ihr gegenüber?«

»Ich liebe sie, aber hasse mich selbst. Ich wünsche mir, dass sie zurückkommen würde.«

Sein Wunsch, sich selbst zu töten, hatte zwei Seiten. Einerseits richtete sein Wille zu sterben die Wut auf seine Ex-Verlobte gegen ihn selbst. Er stirbt, sie nicht. Andererseits bedeutete der Wunsch zu sterben auch, dass er leben wollte: »Ich will so nicht leben. Ich will diese Fassade reiner Liebe nicht mehr. Eine Lüge zu leben ist unerträglich.«

Er wollte lieber sterben, als den Tod seiner Träume zu erleiden. Seine Träume von der Rückkehr seiner Ex-Verlobten waren ein Friedhof, auf dem er darauf wartete, dass seine tote Beziehung wieder zum Leben erwachte. Er hätte seine Hoffnungen sterben lassen können, aber er zog stattdessen in Betracht, sich selbst zu töten.

In der Therapie hielten wir die Beisetzung der toten Verlobung ab, damit sie gesegnet und beerdigt werden konnte. Anschließend konnte er eine Beziehung mit der Ex-Verlobten, die er hatte, führen, und nicht mit seiner Wunschvorstellung von ihr. Das Leben ist nicht lebenswert, wenn wir einen toten Traum leben. Nur mit der Beisetzung seines Wunsches konnte der Mann einen Weg finden, mit dem zu leben, was war.

Wir akzeptieren die Wahrheit nicht, indem wir uns außerhalb von ihr aufhalten und sie beobachten, sondern indem wir uns in ihr verlieren, so wie sich Salz im Meer auflöst. Als sich seine Illusionen in seiner Trauer auflösten, befreite er sich von seiner Bindung an eine Vorstellung – an das Mädchen, von dem er sich wünschte, dass es seine Ex-Verlobte wäre. Stattdessen akzeptierte er die Frau, die sie war, was ihn dafür frei machte, die Frau zu finden, die er schließlich in die Arme schloss und heiratete, die Frau, die auch ihn annahm.

Dieser Mann hatte recht: Ein sterbendes Leben ist nicht lebenswert. Hätte er sich selbst getötet, wäre ihm der Schmerz über die tote Verlobung erspart geblieben, aber er hätte auch die Chance verpasst, sich von der Vorstellung in seinem Kopf zu lösen und eine Frau in der Welt zu finden. Der Therapeut half ihm, die Verlobte loszulassen, die ihn bereits losgelassen hatte. Darum sagen wir, dass jemand an einer Vorstellung haftet: Dieser Mann hielt an der Vorstellung von einer Frau fest, die ihn wollte, weil die echte Frau es nicht tat. Er hielt nicht an ihr fest, sondern an dem, was nicht existierte und nicht real war.

Wir können sogar an der Vorstellung des Suizids selbst hängen. Eine Frau traf sich mit mir zu einer Konsultation, weil sie trotz einer Therapie, die über

20 Jahre ging, suizidgefährdet war. Als ich ihr sagte, dass sie ihre Gefühle abtötete, antwortete sie: »Vielleicht will ich tot sein.«

»Die gute Nachricht ist, dass Sie es können, wenn Sie es wollen. Die notwendigen Zutaten dafür sind in jeder Apotheke erhältlich. Weder ich noch Ihr Therapeut können Sie davon abhalten, sich selbst zu töten. Selbst in Krankenhäusern töten Menschen sich selbst. Wenn Sie einen Suizid begehen wollen, können Sie es tun. Diese Option ist immer verfügbar, aber warum will eine so talentierte Person eine tote Frau sein, die im Sarg lebt? Warum?«

Schmerz überzog ihr Gesicht und sie brach in Tränen aus. Nach dieser Konsultation lockerte sich ihre suizidale Depression erstmals.

Ihr Wunsch zu sterben offenbarte ihre Sehnsucht zu leben. Was wäre, wenn der Wunsch zu sterben der erste Schritt auf dieser Reise ist? Könnte die Absicht, ein totes Leben zu beenden, auf den Wunsch hindeuten, ein reales zu leben?

Unter ihrem Verlangen nach dem Tod lag der Wunsch verborgen, aus dem Grab herauszukommen, das sie sich selbst gegraben hatte. Ihr Schmerz gab ihr zu verstehen: »Deine Art zu leben war ein verkappter Tod.« In gewissem Sinne konnte sie gar keinen Suizid begehen, da sie schon als tote Frau lebte. Sie war zu Recht verzweifelt: Eine Lüge zu leben ist hoffnungslos.

Wenn Sie einer Person zuhören, die sterben will, finden Sie heraus, warum. Etwas muss sterben. Nicht die Person, aber ihre Art, lebend zu sterben.

Wie der Tod zu uns spricht

Während einige einen Tod suchen, den sie vermeiden können, versuchen andere den Tod zu vermeiden, wenn er unausweichlich ist. Wie spricht eine Therapeutin mit einer sterbenden Person? Das folgende Transkript eines Rollenspiels zeigt, wie ich einer Studentin geholfen habe, die in ihrer Arbeit mit einer an Krebs sterbenden Frau feststeckte. Sie fragte: »Wie kann ich mit ihr reden?« Wir einigten uns darauf, ein Rollenspiel zu machen, in dem ich der Therapeut war und sie die Frau.

Sie begann: »Ich bin hier, weil ich nicht mehr viel Zeit habe.«

»Ja, können Sie das akzeptieren?«

»Es gibt so viel zu tun.«

»Und nicht ausreichend Zeit dafür.«

»Ich weiß nicht, wie viel Zeit ich noch habe.«

»Natürlich nicht.«

»Ich sehe, wie ich immer weiter verschwinde. Ich schaue in den Spiegel und ich sehe die Hälfte von mir.«

»Sie sterben; das sehe ich auch.«

»Das ist schrecklich. Ich frage mich, wie oft ich noch hierherkommen werde.«

»Das wissen wir nicht. Es könnte das letzte Mal sein.«

»Nein, nein, nein! Ich habe meine letzte Reise nach Paris geplant, und ich werde kommende Woche hier sein.«

»Mhmm.«

»Ich könnte plötzlich sterben. Das Schlimmste ist, wenn ich daran denke, dass ich wie eine Dahinvegetierende leben und Medikamente nehmen werde.«

»Das ist möglich.«

»Das ist für mich nicht akzeptabel.«

»Die Realität ist nicht akzeptabel. Können Sie akzeptieren, dass Sie das Leben nicht akzeptieren können, wie es ist?«

»Ich kann nicht akzeptieren, dass ich viele Jahre lang nicht so gelebt habe, wie ich es wollte.«

»Sie können die Vergangenheit nicht akzeptieren, aber die Vergangenheit ist, was sie ist, sie braucht nicht ihre Akzeptanz.«

Sie machte eine Pause: »Mir kam der Gedanke, dass ich wahrscheinlich Angst habe.«

»Können Sie Ihre Angst akzeptieren?«

»Es fällt mir schwer.«

»Können Sie diese Schwierigkeit, Ihre Gefühle anzunehmen, akzeptieren?«

»Ich kann nichts anderes tun.«

»Die Realität ist da, ob Sie es wollen oder nicht. Was fühlen Sie, wenn wir uns dem Tod und Ihrer Angst stellen?«

»Leere.«

»Natürlich. Sie wollen lieber leer sein, als voll mit Tod und Krebs und Angst.« Wir haben einige Sitzungen, in denen ich Ihnen helfen kann. Möchten Sie, dass ich Ihnen helfe, bevor Sie sterben? Es ist okay, wenn Sie sich hinter Ihrer Leere verstecken wollen.«

»Ich bekomme Magenschmerzen.«

»Es macht Sie angespannt und ängstlich, sich dem Tod zu stellen, sich dem Abschied zu stellen.«

»Es ist das erste Mal, dass ich ihn gesehen habe. Es fällt mir schwer, das zuzulassen.«

»Können Sie es akzeptieren, dass es schwer ist, den Tod zuzulassen, die Realität zuzulassen?«

»Ich kannte die Prognose. Aber erst jetzt fühle ich, wie nah es ist.«

»Sie sind voller Tod. Sie sind voller Gefühle. Und wir haben heute und hoffentlich einige Male mehr, um uns zusammen diesen Gefühlen zu stellen, bevor Sie sterben. Sie haben diese Chance, wenn Sie die Mauer einreißen wollen, bevor Sie sterben. Selbst wenn Sie Ihre Vergangenheit bereuen, können Sie in Frieden sterben, ohne die Gegenwart zu bereuen. Ohne diese Mauer haben wir eine Chance, aber es ist schmerzlich. Wenn Sie gegen die Realität kämpfen wollen, wenn Sie gegen den Tod kämpfen wollen, wenn Sie sich hinter der Leere verstecken wollen, werde ich Ihre Wünsche respektieren; und wenn Sie sterben, werde ich Sie und Ihr Andenken segnen.«

»Ich bin überhaupt nicht leer. Ich habe so viel, und ich habe Angst, dass ich keine Zeit haben werde.«

»Sie haben diesen Moment. Warum warten? Sie haben Ihr ganzes Leben gewartet, und das Warten hat zu Ihrem Bedauern geführt. Warum noch mehr Bedauern erschaffen? Möchten Sie dieses Gefängnis der Einsamkeit verlassen, solange Sie noch können, bevor Sie sterben?

Sie weinte: »Es ist schrecklich zu denken, dass es heute das letzte Mal ist. Wofür das Ganze? Warum?«

»Können wir Ihren Wunsch, keinen Kontakt aufzunehmen, akzeptieren? Sollen wir Ihren Wunsch akzeptieren, sich von mir zu distanzieren und allein zu sein? Können wir Ihren Wunsch akzeptieren, allein zu sterben? Es muss wichtig sein, sich vor mir zu verstecken und die unbekannte Frau zu bleiben.«

»Nein. Ich möchte nur einmal volle Akzeptanz und Nähe spüren und genießen können, und ich habe solche Angst, dass dies das Ende ist. Das ist es nicht wert.«

»Möchten Sie mit dem Tod intim werden? Der Tod ist intim mit Ihnen. Der Tod kriecht durch Ihre Eingeweide. Der Tod kriecht durch ihre Leber.«

»Ich halte es nicht mehr aus.«

»Können Sie den Tod akzeptieren?«

»Ich habe keine Wahl.«

»Das stimmt, denn der Tod hat Sie akzeptiert. Was fühlen Sie, wenn wir dem Tod Platz machen, um hier zu sein?«

»Ich habe etwas weniger Angst.«

»Was fühlen Sie, wenn wir dem Tod Raum geben, dem Tod erlauben, in Ihnen zu sein, und dem Tod erlauben, in mir zu sein?«

»Er fängt, an mir zu gehören.«

»Ihr Tod. Welche Gefühle bemerken Sie, wenn Sie Ihren Tod akzeptieren?

»Es ist komisch, aber es ist innerer Frieden.«

»Nirgendwo hingehen müssen, nichts tun müssen, niemand anderes sein müssen, nur Sie und ich, hier mit dem Tod.«

»Als ob er schon immer bei mir gewesen wäre.«

»Der Tod war schon immer bei Ihnen, und zum ersten Mal wissen Sie es. Was fühlen Sie, wenn Sie akzeptieren, dass der Tod schon immer bei Ihnen war?«

»Inneren Frieden und Erleichterung. Ich habe gedacht, dass ich vielleicht bereit dazu bin, mich zu verabschieden. Ich möchte mich von so vielen Leuten verabschieden. Und dann noch diese unfertigen Manuskripte, ich möchte sie fertigstellen.«

»Wir sind immer unfertig. Sie haben den Abschied von Ihren Freundinnen und Freunden erwähnt; indem Sie sich von ihnen verabschieden, geben Sie zu, dass Sie sie lieben und dass sie zählen.«

»Mehr als jemals zuvor.«

Ihre Liebe hat Bedeutung, sie waren wichtig für Sie, und Ihre Liebe ist jetzt wichtig.

Als sich der Schmerz in ihrem Gesicht ausbreitete, sagte sie: »Es tut weh.«.

»Dieser Schmerz ist die Gebärmutter, aus der Sie geboren werden.«

»Es ist sehr viel.«

»Ja.«

»Ich möchte Ihnen sagen, dass es jetzt in Ordnung ist«, sagte sie. Unser Rollenspiel endete.

Therapierende geben uns keine Erkenntnisse, sondern laden uns dazu ein, die Wahrheit zu erleben, damit Einsichten von innen heraus entstehen können. Therapierende sagen uns nicht, was wir nicht wissen. Sie sagen uns, was wir spüren, aber alleine nicht ertragen wollen. Sie präsentieren die Realität auf eine Art und Weise, der wir zuhören, die wir akzeptieren und zusammen durchleben können.

5 Die Öffnung für die Wahrheit sein

Während wir unsere Lügen loslassen, werden wir offener für die Wahrheit. Sogar mehr als das, wir erleben uns selbst als willkommenheißende Offenheit. Verkörpern wir Offenheit, verändern sich unser Sehen, Hören, Fühlen und Zuhören, und mit diesen Veränderungen lösen sich die Grenzen zwischen uns und dem, was ist, auf.

Aufmerksamkeit als Offenheit

Wenn die Aufmerksamkeit für andere schwindet, und wir uns stattdessen auf unser Grübeln fokussieren, driften wir weit weg vom Dialog und sogar noch weiter weg von Simone Weils Vorschlag, dass Aufmerksamkeit eine Form des Gebets ist.[34]

Warum Aufmerksamkeit schenken, und welche Rolle spielt die Aufmerksamkeit in der Therapie? Wir achten auf die Vorurteile anderer Personen, um uns von unseren eigenen zu befreien. Der Dichter Goethe schlug vor: »Der Mensch kennt nur sich selbst, insofern er die Welt kennt, die er nur in sich und sich nur in ihr gewahr wird. Jeder neue Gegenstand, wohl beschaut, schließt ein neues Organ in uns auf. Am allerfördersamsten aber sind unsere Nebenmenschen, welche den Vorteil haben, uns mit der Welt aus ihrem Standpunkt zu vergleichen und daher nähere Kenntnis von uns zu erlangen, als wir selbst gewinnen mögen«.[35]

Jedes Mal, wenn wir eine Lüge loslassen, nähern wir uns dem, was ist. Der Therapeut unterbricht Abwehrmechanismen – Denkgewohnheiten, übliche Kommentare, populäre Projektionen; die Hindernisse, die wir zwischen uns und unseren Lieben errichten –, damit wir zuhören können. Wir öffnen uns ihnen – und nicht unseren Vorstellungen über sie. Wir sollten uns niemals als vollendet, komplett oder verstanden betrachten, sondern als Menschen, die »sich entwickeln, wachsen und in vielerlei Hinsicht noch nicht festgelegt

---

34 Simone Weil, *Gravity and Grace.*

35 Johann Wolfgang von Goethe, *Scientific Studies* (New York: Suhrkamp, 1988).

sind«.[36] Die Frage ist nicht, wer wir im Gegensatz zu denen sind, die wir ablehnen, sondern wer wir in dieser Offenheit gegenüber denen sind, die wir zuvor ablehnten.

Verändere mich!

Anstatt offen für das Leben zu sein, damit *wir* uns verändern können, fordern wir das Leben auf, sich zu verändern und offen für uns zu sein. Eine Frau schrie ihre Kinder an: »Hört damit auf!« Ein Student, der wütend war, weil sein Professor ihn wegen seiner zu spät eingereichten Hausarbeiten durchfallen ließ, drohte: »Ich werde Sie verklagen!« Wenn das Leben auf unsere Befehle nicht reagiert und sich nicht verändert, können wir von anderen verlangen, uns zu ändern. Das kann auch in der Therapie passieren.

Eine Geschäftsführerin schnauzte ihren Therapeuten an: »Ich will mich nicht so fühlen. Wenden Sie Ihren Zauber an!« und behandelte ihn wie einen Sklaven, der ihr jeden Wunsch erfüllen sollte. Hin und wieder wünschen wir uns, dass Therapierende uns mit Feenstaub bestreuen könnten, und auch Therapierende können sich wünschen, dass sie Zauberinnen und Zauberer mit einem Zauberstab wären. Wer wollte andere nicht schon einmal mit Magie verwandeln, um ihr Elend zu beseitigen?

Magierinnen und Magier versuchen uns zu verändern, ohne eine Beziehung mit uns einzugehen. Magie entsteht, aber sie bleiben davon unberührt. Zwischen Ihnen und ihnen bleibt eine Leere bestehen, wo eigentlich eine Beziehung sein sollte. Es findet kein Austausch statt, bei dem deren Präsenz Sie verändert und Ihre Präsenz sie verändert.

Magie ist ein solcher Gegensatz zur Liebe! Die Liebe ist gefährlich, sie öffnet uns anderen, nimmt uns die Illusionen und mobilisiert unser Potential. Können wir die Realität und unsere Gefühle durch uns hindurchgehen lassen?

Um dieser Gefahr zu entgehen, fordern wir andere auf, sich zu verändern, oder bitten sie, uns zu ändern, um den Änderungsprozess zu stoppen, der bereits in uns abläuft. Wir engagieren uns in einem niemals endenden Projekt zur Renovierung unseres eigenen Hauses, wenn wir Dinge sagen wie »Ich hasse es, wie ich bin«, und der Häuser der anderen, wenn wir Dinge äußern wie »Bitte ändere dich für mich!«. Was würde passieren, wenn wir uns selbst

36 Goethe. Zitiert in Iain MacGilchrist, *The Master and His Emissary: The Divided Brain and the Making of the Western World* (New Haven, CT: Yale University Press, 2012), S. 36.

und unsere Lieben aus dem qualvollen Karussell der sogenannten Selbstverbesserung herausnehmen?

Die Anweisung der Geschäftsführerin »Wenden Sie Ihren Zauber an!« legte ihr Problem offen: den Wunsch, manipuliert zu werden, genauso wie sie andere und das Leben manipulierte. »Behandeln Sie mich wie einen Gegenstand. Lassen Sie sich nicht auf eine Beziehung mit mir als Person ein. Lehren Sie mich, Personen zu kontrollieren, damit ich der schicksalhaften Gemeinschaft mit ihnen entkommen kann.« Menschen sind keine Besitztümer, über die wir nach unserem Willen herrschen können; sie sind kein Eigentum, das wir nach Belieben ausbeuten können, sondern Quellen, aus denen wir trinken können, Geschenke, die wir wertschätzen sollten, und Geheimnisse, die es zu ergründen gilt.

Wir sind nicht ideal, aber real

Für gewöhnlich begeben wir uns in eine Therapie, weil wir uns Linderung unseres Schmerzes wünschen oder weil wir uns selbst besser kennenlernen wollen. Anstatt unser Erleben zu ertragen, hoffen wir aber vielleicht darauf, dass eine Therapie, Medikation oder Meditation unser Erleben verändern wird. Schlimmstenfalls können wir sogar darauf hoffen, dass die Therapie uns heilen wird, indem sie uns zu jemandem anderem macht.

Wir laden die Gewalt gegen uns selbst ein. Ein Geschäftsmann ertrug viel Leid unter seinem forderndem, kritischen Vater, für den er nie gut genug, schlau genug oder erfolgreich genug war. Sein Vater fand immer einen Fehler. Am Ende unserer Therapie sagte er: »Ich bin von der Therapie nicht enttäuscht.«

»Natürlich sind Sie es«, sagte ich.

Er lächelte und lachte. »Ja, das ist wahr.«

»Inwiefern war die Therapie enttäuschend?«

Ich weiß es nicht. Ich hatte gehofft, dass wir tief emotionale Erfahrungen machen würden, wie man sie im Fernsehen oder im Kino sieht, und dass ich Kindheitserinnerungen wiedererlangen würde, die alles erklären.«

»Diese Filme habe ich auch gesehen, aber wir haben das nicht erlebt, oder? Tiefe Gefühle sind hochgekommen, aber keine neuen Erinnerungen.«

»Vielleicht habe ich zu viel von der Therapie verlangt.«

Anstatt darauf hinzuweisen, das er eigentlich einen Supertherapeuten wollte, so wie sein Vater einen Supersohn, sagte ich: »Obwohl Sie auf ein außergewöhnliches Ergebnis gehofft hatten, war es eine gewöhnliche Therapie.«

Er lachte leise.

»Was für Gefühle haben Sie, wenn Sie mit solch einem gewöhnlichen Therapeuten hier sind?«

Er lachte. »Ich glaube, ich erwarte viel von den Leuten, also werde ich enttäuscht.«

»Und ich garantiere Ihnen hier Enttäuschung.«

Er lachte: »Vielleicht könnte ich mir die ausleihen, damit ich tolerieren kann, dass andere von mir enttäuscht sind.«

»Sie sind auch ein Naturtalent darin, andere zu enttäuschen? Ich wusste nicht, dass Sie dieses Talent besitzen«, scherzte ich.

»Ich glaube, das ist unvermeidbar, oder?«

»Da Sehnsucht unendlich ist, können wir eines garantieren: Enttäuschung.«

»Ich habe versucht, das zu vermeiden.«

»Sie haben versucht, alles für alle zu sein, Sie haben sich selbst verausgabt, es den anderen übelgenommen und wollten streiken.«

Er hatte sein ganzes Leben damit verbracht, Konflikte zu überwinden, indem er versuchte, so zu werden, wie ihn die anderen seiner Ansicht nach haben wollten. Und obwohl sie dieses imaginäre Image, das er verkörperte, vielleicht geliebt haben, konnten sie ihn doch nicht wirklich lieben, da sie ihn nie richtig kennenlernten.

Er hoffte, dass sein Vater einen realen Sohn in der Welt lieben könnte, wohingegen der Vater das Idealbild seines Sohnes liebte, das nur in seinem Kopf existierte. Der Geschäftsmann war der Meinung, dass er eher ideal als real werden müsse, weswegen er versuchte, alle Unterschiede zwischen sich selbst und der idealen Vorstellung seines Vaters auszumerzen. Der Geschäftsmann dachte, dass er fehlerhaft war, weil er dem Idealbild seines Vaters nicht entsprach. Tatsächlich war der Glaube seines Vaters an Perfektion der eigentliche Fehler.

»Was wäre, wenn Ihre Fehler nur sind, was ist? Sie sind nicht dazu bestimmt, ideal zu sein, sondern real.«

Verglichen mit einem Ideal sind wir immer fehlerhaft. Wir können nicht vor dem fliehen, was wir sind. Dieser Mann wuchs in dem Glauben auf, dass er verschwinden, zu jemand anderem werden und als idealer Sohn zurückkehren sollte, um geliebt zu werden. Er begann die Therapie mit dem Versuch, der ideale Patient zu sein, um mich zufriedenzustellen. Stattdessen musste ich ihm helfen, er selbst zu sein, nicht mein Ideal oder das eines anderen.

Wir sind nicht auf die Erde gekommen, um Satelliten zu sein, die um andere Menschen kreisen, auch wenn sie das wollen. Wir können um das Ego einer

Person kreisen und vorgeben, sie zu sein, aber wir werden nie zu ihr werden. Der Vater dieses Mannes war verliebt in das Bild eines idealen Sohns, des perfekten Sohns und des Sohns, der niemals existiert hatte. Unser virtuelles Bild davon, wie das Leben sein sollte, ist eine Geschichte, die wir auf der Grundlage unserer Fantasie erzählen. Währenddessen findet stattdessen immer wieder das wahre Leben statt.

Dieser Mann musste seine Erfahrung akzeptieren, eine reale Person zu sein, anstatt einem Pseudoideal zu entsprechen. Nach der Therapie erkannte er, dass er lediglich ein Mensch war und im Vergleich zu Idealvorstellungen stets schlecht abschneiden würde. Es gibt keine Heilung für unsere Menschlichkeit.

Dieser Mann versuchte, das Ideal seines Vaters zu lieben und sich selbst zu hassen, aber niemand von uns kann ideal sein. In der Liebe öffnen wir uns unserer unvollkommenen Menschlichkeit. Und was ist Unvollkommenheit anderes als Menschlichkeit, betrachtet durch die Brille des Perfektionismus. Wenn wir diese Brille absetzen, werden wir offen für uns selbst, für andere und für alles, das »nicht perfekt« ist.

In der Therapie präsent sein

Um offen zu sein, wird uns gesagt, dass wir »in diesem Moment bleiben« sollen. Wo sonst können wir jedoch sein? Selbst, wenn wir in unseren Tagträumen verloren sind, sind wir *jetzt* verloren! Wir schauen in unsere Geschichte hinein, anstatt genau hierhin zu schauen.

Wilfried Bion sagte, dass die Therapie ein Glaubensbekenntnis sei, dass wir verwandelt werden können, indem wir eins mit der emotionalen Wahrheit dieses Moments werden.[37] Wie wir sind, ist das, wonach wir gesucht haben. Wir müssen nicht präsent *sein.* Jedes Gefühl, jegliche Angst und jedes Vermeidungsverhalten stehen für unsere Präsenz. Wir müssen nicht anders sein, sondern uns mit dem begnügen, was wir sind.

Ein Mann musste sich mit dem Tod abfinden. Er ging mit seinem fünfjährigen Sohn in den Keller hinunter und entdeckte seine Ehefrau, wie sie an einem Seil hing, welches an den Deckenbalken befestigt war. Einige Tage später sagte er seinem Therapeuten, dass er sterben wolle. Der Therapeut bat

37 Wilfred Bion war bekannt als mystischer Psychoanalytiker in der Kleinianischen Tradition, der vorschlug, dass wir nicht nur die Triebe Aggression und Liebe haben, sondern auch einen Instinkt, die Wahrheit zu erkennen: Epistemophilie.

mich um Hilfe. Er spielte die Rolle des Patienten und ich die Rolle des Therapeuten.

»Wobei möchten Sie heute meine Hilfe?«

Er antwortete: »Ich kann mich selbst nicht finden.«

»Es klingt so, als ob Sie sich selbst gefunden haben; Sie haben sich gefunden, voller Trauer, Verlust und druchdrungen von dem Anblick der Leiche Ihrer Frau, die im Keller von der Decke hängt. Weil Sie sich selbst gefunden haben, wollen Sie sich verlieren. Wer will den Tod finden?«

»Ich kann nicht glauben, dass sie das getan hat.«

»Sie können nicht glauben, dass sie sich selbst getötet hat.«

»Sie ist ständig präsent in meinen Gedanken. Wir waren 15 Jahre verheiratet. Und wir waren so glücklich. Jetzt gibt es Momente, in denen ich wütend auf sie bin.«

»Natürlich. Sie sind wütend auf sie, dass sie Sie und ihren Sohn verlassen hat. Und wie schwer ist es, auf eine Frau wütend zu sein, die man liebt.«

»Ich weiß nicht, wie lange ich noch leben werde. Ich sehe keinen Sinn mehr in meinem Leben.«

»Ihr Leben hat einen tiefen Sinn, aber es ist sehr schmerzlich, und Sie wünschen sich, dass Sie sterben könnten, um Ihren Schmerz zu beenden.

Jedes Wort, das er sprach, wies uns den Weg. Alles, was wir brauchten, war in jedem Augenblick präsent. Seine Angst und Anspannung wiesen auf die Gefühle hin, die wir akzeptieren mussten, damit seine Heilung beginnen konnte.

Wer will den Tod akzeptieren? Wer will Wut gegenüber einer Ehefrau empfinden, die sich selbst getötet hat? Wer will weiterleben, wenn die Geliebte verstorben ist? Und trotzdem flüstert uns das Leben immer wieder zu: »Wirst du dein Erleben willkommen heißen?«

Als seine Ehefrau Suizid beging, starb auch etwas in dem Mann, seine idealisierten Vorstellungen von ihr, sein geläutertes Bild von sich selbst und die Vorstellungen von ihrer gemeinsamen Zukunft. Natürlich dachte er an den physischen Tod, um den psychologischen Tod zu vermeiden, jenen Tod, durch den er wiedergeboren werden würde, aber zu einem hohen Preis. In dem Keller hing nicht nur die Erinnerung an ihren Körper an den Deckenbalken, sondern auch seine toten Träume.

Die Freiheit von etwas oder zu etwas?

Unsere Gefühle, Gedanken und Träume willkommen zu heißen, ist eine große Aufgabe, aber es ist einfacher, wenn die Therapeutin oder der Therapeut diese auch willkommen heißt. Unser Innenleben zu akzeptieren, heißt, alles zu akzeptieren, nicht nur die einfachen Teile – Liebe, Freude und Glück –, sondern sogar unseren Widerstand und unsere Weigerung, mitzuarbeiten.

Ein Mann fläzte sich auf seinen Stuhl und beschrieb seine Therapieziele. Als ich fragte, ob er an ihnen arbeiten wolle, starrte er an die Decke und stöhnte.

»Naja, auf gewisse Weise will ich das nicht. Ich glaube, ich weiß gar nicht, ob ich bereit bin, mich zu engagieren, oder in der Lage bin, viel Zeit damit zu verbringen, mich um all die anderen Probleme zu kümmern, die ich habe.«

Ich akzeptierte sein Zögern und bemerkte: »Sie sind sich nicht sicher, wie engagiert Sie sein wollen.«

»Ja.«

»Ich schätze es, dass Sie so direkt sind. Sie können so engagiert oder nicht engagiert sein, wie Sie wollen.«

»Ich glaube, ich möchte sichergehen. Es gibt Dinge in meiner Vergangenheit, die potentiell Stoff für mehrere Jahre Therapie bieten würden. Ich glaube, ich bin nicht engagiert genug, um so viel Zeit in Therapie zu verbringen. Aber ich will sicherstellen, dass ich mit einer spürbaren Verbesserung aus der Sache hier herauskomme.«

Er ging fälschlicherweise davon aus, es ginge darum, ob er sich für die Therapie engagieren sollte. »Da wir dabei sind, unsere Kräfte zu vereinen, müssen wir herausfinden, wie engagiert Sie sich selbst gegenüber sind.«

Er schaute zur Decke hoch, lächelte und sagte: »Wie engagiert mir selbst gegenüber, ja, ich glaube, das ist interessant.«

»Sind Sie es wert?«

Leise lachend und wieder zur Decke hochschauend hielt er inne und sagte: »Hmm, klar bin ich es wert.«

»Was fühlen Sie, während Sie das aussprechen?«

Er lächelte und sagte dann: »Es klingt wie eine Art Marketing.«

»Was fühlen Sie, wenn Sie sagen, dass Sie es wert sind? Was wird in Ihnen getriggert, wenn Sie das sagen?«

»Ein Teil von mir sagt, dass ich sofort sagen sollte, ja, ich bin es wert.«

»Was fühlen Sie, wenn Sie sagen, dass Sie es wert sind.«

»Unschlüssig, ob ich einen Haufen Zeit und Geld dafür aufwenden will.«

Da er sich irrtümlich immer noch fragte, ob er sich auf eine Therapie einlassen sollte, erklärte ich: »Die Frage ist, wollen Sie sich sich selbst gegenüber verpflichten? Sie sind unschlüssig, wie stark Sie sich für sich selbst engagieren wollen. Sie haben einen Fuß drinnen und einen Fuß draußen.«

»Ja. Da ist etwas Wahres dran.«

»Sie sind unschlüssig, wie sehr Sie sich für sich selbst und Ihre Wünsche engagieren sollen.«

Er sah weg und antwortete: »Ich weiß nicht, ob es das Gleiche ist, aber ich korrigiere mich ständig selbst.«

Oft passen wir unsere inneren Gedanken und die nach außen gerichtete Sprache dem an, was andere unser Vorstellung nach von uns hören wollen und wie wir erscheinen wollen. Doch leider können wir durch diese Selbstkorrektur nicht länger offen sein und dem zuhören, was in uns emporkommt.

»Sind Sie es wert, dass man Ihnen zuhört?«

»Ich denke schon. Es ist lustig. Ich empfinde das nicht so. Ich schätze, dass es mir an Selbstvertrauen mangelt, wenn es darum geht, meine Ansichten zu äußern und das zu tun, was ich tun möchte.«

»Unsicher, ob Sie sich für sich selbst engagieren wollen, ob Sie sich selbst korrigieren oder sich zuhören wollen und ob Sie sich für das entscheiden wollen, was Sie selbst möchten.«

»Ja.«

Da er sich noch immer nicht festgelegt hatte, fragte ich: »Wie sehr möchten Sie sich selbst zurückhalten?«

Er seufte: »Ich bin nicht vollkommen frei. Ich kann nicht immer alles von mir geben, was ich will. Ich schätze, die Frage ist, wie man an den Punkt kommt, an dem man ehrlich mit anderen Leuten sein kann, ohne das Gefühl zu haben, als ob man alles zerstören würde, was für einen wichtig ist.« Seine Augen füllten sich mit Tränen.

»Es ist wichtig für uns, Ihre Gefühle darüber, ehrlich zu sein, und die Auswirkungen, die das auf andere haben würde, wahrzunehmen. Wir müssen so ehrlich wie möglich sein, und wenn Sie befürchten, dass ich geschädigt werden könnte, müssen wir die Aufmerksamkeit darauf richten.«

»Nein, das ist es nicht. Es ist Ehrlichkeit und«, er machte eine Pause, »es ist der Wunsch, dass ich selbstbewusster sein könnte. Warum ist es wichtig, was andere Leute denken oder fühlen?«

»Wünschen Sie sich, dass Sie mehr Vertrauen in sich selbst haben?«

Er seufte und schaute weg: »Sicher.«

»Kommt Ihnen der Selbstzweifel in die Quere?«

»Ja.«

»Ich gehe davon aus, dass Sie aus freien Stücken gekommen und von niemandem hierhergeschleppt worden sind, richtig?«

»Das stimmt.«

»Sie sind aus freiem Willen gekommen. Aber sobald Sie sagen, dass Sie sich für sich selbst engagieren und der Ursache Ihrer Schwierigkeiten so schnell wie möglich auf den Grund gehen wollen, um Ihr Ziel zu erreichen, zweifeln Sie daran, was Sie wollen.

»Ja.«

»Sie befinden sich im Krieg mit sich selbst. Sie fragen sich, ob Sie auf sich selbst oder auf diese Zweifel hören sollten.«

»Ich bin mir nicht sicher, was das Problem ist. Es ist schwer für mich zu wissen, ob dieser Impuls, den ich wahrnehme, der echte ist.

Ich reagierte auf seine Verwirrung, indem ich ihm half, zwischen sich und seinen Selbstzweifeln zu unterscheiden. »Sie haben schon so lange an sich gezweifelt, dass Sie nicht wissen, welches Ihr wahres Ich ist, der Impuls, zu zweifeln, oder das Ich, das angezweifelt wird.«

»Das ist ein angsteinflößender Gedanke.«

»Was fühlen Sie?«

Er lächelte und drehte den Kopf hin und her: »Ich weiß es nicht.«

»Lassen Sie sich Zeit. Das wühlt viele Emotionen auf.«

»Es ist lustig. Ich habe mit Leuten geredet, die sich ihrer selbst bewusst und empathisch genug sind, sodass ich weiß, dass ich diese Probleme habe. Es ist nicht wie eine schreckliche Offenbarung, aber was ist meine wirkliche Identität? Was will ich wirklich?«

»Wenn Sie das hier nicht tun wollen, habe ich kein Recht, Sie darum zu bitten.«

»Nein, ich zweifele nicht am Nutzen der Therapie.«

»Sie befinden sich im Krieg mit sich selbst, Sie wollen sich selbst verpflichten und zweifeln aber daran, während wir uns entscheiden, ob wir unsere Kräfte vereinen und uns für Sie einsetzen sollen.«

Er lächelte: »Sie haben recht. Ich denke mir: ›Oh Gott, das könnte eine lange Therapie werden.‹«

»Wenn Sie am Nutzen Ihres Engagements für sich selbst zweifeln und sich deshalb nicht darauf festlegen wollen, können Sie diese Therapie so lang wie möglich machen. Sie können Sie zwanzig, dreißig oder vierzig Jahre in die Länge ziehen, wenn Sie es richtig anstellen.« Er lachte, als ich fortfuhr: »Wenn Sie irgendetwas tun, was Ihre Therapie unnötig verlängert, haben wir die Pflicht sicherzustellen, dass das nicht passiert.«

Wenn eine Therapeutin oder ein Therapeut sich mit uns zusammensetzt, ohne dabei zu verlangen, dass wir uns ändern, dann betritt die Liebe den Raum. Die Therapeutin kann unsere Abwehrmechanismen und die damit verbundenen Kosten beschreiben, aber sie kann sie nicht beseitigen. Wir können unsere Verteidigungsmauern so lange aufrechterhalten, wie wir wollen. Das ist der Grund, warum Menschen jahrelang therapiert werden, ohne dass sie sich auch nur ein bisschen verändert haben.

Die Therapeutin akzeptiert unsere Mauern bedingungslos, weil sie den Tatsachen ins Auge sehen muss, um effektiv zu sein. Ihre radikale Akzeptanz unseres Widerstands stellt unsere Selbstzurückweisung in Frage. Weisen wir die Therapeutin zurück, bleibt sie neugierig und akzeptiert unsere Zurückweisung, ohne zu verlangen, dass wir sie akzeptieren. Und zum ersten Mal erleben wir vielleicht einen Wunsch nach Bewegung von innen heraus.

Dieser Mann wollte sich nicht auf eine Therapie oder auf seine eigene Entwicklung einlassen. Er dachte, dass er die Falle einer Langzeittherapie vermeiden würde. Tatsächlich tappte er aber in die Falle des Selbstzweifels und wollte sich von seinen Gefühlen befreien, indem er sie anzweifelte. Dieses Ziel ist unerreichbar, da wir nie frei von dem werden können, was wir sind.

Für den Rest unseres Lebens werden wir erleben, wie Angst und Anspannung, Traurigkeit, Wut, Scham, Liebe und Freude als Wolken über unseren inneren Himmel ziehen. Unsere Freiheit wird nicht aus dem Zweifel an unserem Innenleben erwachsen, sondern indem wir es akzeptieren, während es vorbeizieht.

Wenn wir das emotionale Fließen, das uns ausmacht, aushalten, nimmt uns unser Bewusstsein fort von unseren Gefühlen und hin zu dem, was sie wahrnimmt. Wir entdecken, dass wir auch die Leere sind, in der die Gefühle auftauchen, die Stille, in der das Geschwätz stattfindet, und der Himmel, über den die Wolken ziehen.

Durch unsere Abwehrmechanismen streben wir nach Freiheit von unseren Emotionen und führen ein Leben auf der Flucht.[38] Wir sehnen uns nach Freiheit in Erscheinungsformen, die diese niemals annimmt: Freiheit von Konflikt, Gefühlen, Leben und Tod. Und wir suchen Freiheit an Orten, wo sie nie zu finden ist: in unseren Fantasien. Dieser Mann war von seinem Selbstzweifel gefangen; als einsamer Beobachter war er dazu verdammt, neben dem Fluss des Lebens zu sitzen, aber niemals in ihm zu schwimmen.

Im Gegensatz dazu haben wir die Freiheit, zu lieben und zu akzeptieren, was ist. Hören wir auf, *vor* der Realität wegzurennen, und nehmen sie an, finden wir die Freiheit, nach der wir suchen.

38 Erich Fromm, *Escape from Freedom* (New York: Holt, 1941).

Die Gefahr des Zuhörens

Wir mögen Zuhören als einfach ansehen, tatsächlich ist es aber schwer: Indem wir uns selbst einer anderen Sichtweise öffnen, laufen wir Gefahr, dass wir die Art und Weise, wie wir uns selbst, eine andere Person oder sogar die Welt sehen, verändern. Um das Risiko abzuwehren, dass wir vom Zuhören verändert werden, betreiben wir Pseudozuhören, wobei wir mit anderen Leuten streiten, um *sie* zu verändern. Der Philosoph Heidegger schlug vor, dass wir leiden, weil wir vergessen haben, wie wir anderen oder uns selbst zuhören.[39] Wir haben unsere Essenz vergessen, sagte er, weil wir vergessen haben, wie man zuhört.

Eine Frau hatte Schwierigkeiten, sich selbst zuzuhören. Sie fing an, rasend schnell zu sprechen, mit zerstreuten Gedanken und zappelnden Füßen. »Sie sprechen sehr schnell«, sagte ich. »Fällt Ihnen das auch auf?«

»Das ist mir nicht aufgefallen, aber ich will über etwas anderes sprechen.«

»Schnell zu sprechen ist ein Anzeichen von Angst und Anspannung. Bemerken Sie gerade die Angst und Anspannung in Ihrem Körper?«

»Ja, aber ich will Ihnen etwas anderes erzählen.«

»Klar, das glaube ich. Aber fällt Ihnen auf, wie Sie Ihre Angst und Anspannung ignorieren und mich auffordern, das auch zu tun?« Ihre Augen füllten sich mit Tränen, weshalb ich fragte: »Wie fühlen Sie gerade hinter Ihren Worten?« Sie schluchzte.

Sie hörte auf das Geschwätz in ihrem Kopf, nicht auf die Angst und Anspannung in ihrem Körper, und vernachlässigte sich selbst und ihre Gefühle. Obwohl es nicht ihr bewusster Wunsch war, forderte sie mich auf, zu ignorieren, wer sie hinter der Maske aus ablenkendem Geschwätz war.

Wir mögen weder uns selbst noch anderen zuhören. Eine andere Frau beschrieb einen Konflikt mit ihrem Ehemann. Er beschwerte sich, dass sie ihm immer dazwischenredete. »Warum sollte ich ihm wieder zuhören? Ich weiß, was er sagen wird.«

Sie wusste nicht, was er sagen würde; sie wusste, was sie *dachte*, was er sagen würde. Nicht einmal ich weiß, was ich sagen werde. Was wir sagen, bildet sich heraus, während wir es sagen. Deswegen hören wir zu. Selbst wenn unsere Lieben sich uns gegenüber scheinbar wiederholen, mögen sie nicht das wiederholen, was sie gesagt haben, sondern das, *was wir versäumt haben zu hören* – ein Zeugnis ihres Glaubens an unseren Wunsch, zuzuhören.

---

39 Martin Heidegger, *Zollikon Seminars: Protocols – Conversations – Letters* (Evanston, IL: Northwestern University Press, 2001).

Diese Frau hörte ihrer Überzeugung zu und ließ ihren Ehemann nicht zu Wort kommen. Derweil konnte ihr Ehemann zu Recht sagen: »Du hörst mir nicht zu.« Sie dachte, sie höre, was ihre Ohren wahrnehmen, während sie das wahrnahm, was ihr Verstand auf ihn projizierte. Sie sagte immer wieder zu ihm: »Siehst du?« und stellte sich dabei vor, dass sein Verstand verschlossen wäre. Tatsächlich blockierte sie ihren eigenen Verstand, indem sie sich auf ihre Vorstellungen bezog und nicht auf ihn. Was wäre, wenn unsere Überzeugungen keine Einsichten wären, sondern Hindernisse für die Einsicht?

Eine Therapeutin legte mir den Fall eines Mannes zur Supervision vor, der ihrer Meinung nach schwer gestört war; eine Störung, für die ich keine Hinweise finden konnte. Die Therapeutin, die von ihrer Ansicht überzeugt war, setzte ihre Kampagne fort. Wie ein Raubvogel hielt sie Ausschau nach den richtigen Fakten, auf die sie sich als »Beweis« stürzen konnte, und stritt mit ihm, um ihn zu dominieren und ihn dazu zu bringen, sich ihrer Projektion zu unterwerfen: »Siehst du! *Das* bist du.« Für sie waren seine Worte Gedanken, die es abzuschießen galt. Zuhören wurde zu einer Art Schießübung.

Um zuzuhören, müssen wir die Person als jemanden akzeptieren, der es verdient, gehört zu werden, den wir nicht länger abtun, mit dem wir nicht länger diskutieren oder ihn dominieren. Anschließend können wir uns der Tatsache stellen, dass andere Menschen andere Sichtweisen haben. Wir denken, dass wir das Gesamtbild im Blick haben, obwohl wir nur unsere Perspektive sehen.

Ein Zen-Mönch schuf einen Garten, um diesen Punkt zu verdeutlichen. Betrachten wir den Zen-Steingarten Ryōan-ji von der Veranda aus, können wir von jedem Standpunkt aus nur vierzehn der fünfzehn Steine auf einmal erblicken. Um den fünfzehnten Stein zu sehen, müssen wir uns bewegen, aber indem wir uns bewegen, verlieren wir den Blick auf einen anderen Stein. Durch die Bewegung lernen wir, dass das Gesamtbild nicht von einem einzelnen Standpunkt aus gesehen werden kann.

Öffnen wir uns der Perspektive einer anderen Person, bringt uns die Möglichkeit eines Dialogs zum nächsten Fehler beim Zuhören: zuhören, um eine Person zu »kennen«. Das Problem ist, dass wir das nie tun werden. Tatsächlich kennen wir uns ja nicht einmal selbst komplett.

Wenn jemand sagt: »Ich weiß genau, was du denkst«, schaut er auf seine Projektion, nicht auf Sie. Er setzt Sie mit seiner Vorstellung von Ihnen gleich, aber Sie werden immer unerkennbar sein.

Während wir die Grenzen unseres Wissens und unserer Perspektive akzeptieren, wird unser Zuhören zu einer Art Hingabe. Wir geben unsere Überzeugungen auf, dass wir jemanden komplett gekannt haben oder jemals komplett kennen werden. Unsere Überzeugungen bezüglich anderer Menschen werden als Vorstellungen in unserem Kopf enthüllt, sorgfältig kultivierte Schöpfungen und köstliche, aber wahnhafte Substitute für das Reale. Sobald wir realisieren, dass diese Vorstellungen nur Vorstellungen sind, können wir uns anderen öffnen.

Wenn wir im Sommer Auto fahren, erleben wir die Illusion schimmernden Wassers auf der Straße vor uns, das aber mit zunehmender Entfernung immer weiter zurückweicht. Diese Erfahrung des Zufahrens auf eine sich ständig verändernde Landschaft ist wie die Liebe: Illusionen verschwinden immer wieder, wodurch wir den »ständig zurückweichenden Horizont« der Tiefe des oder der Geliebten erleben können.[40]

Während das Auge visuelle Illusionen erschafft, kreiert der Verstand emotionale Illusionen. Im psychologischen Leben sehen wir nicht die Menschen, sondern unsere vorgefassten Meinungen über sie. Und vorgefasste Meinung ist ein höflicher Euphemismus für Abwehrmechanismus.

Abwehrmechanismen sind die Art und Weise, wie wir die Welt verdrehen, filtern, blockieren und interpretieren, und so Muster der Unkenntnis erzeugen, die wir »Wahrheit« nennen. Wobei diese in unserer Kindheit fast immer eine adaptive Reaktion darstellen, erzeugen sie unser Leiden, wenn sie in anderen Beziehungen genutzt werden. Wenn ich beispielsweise Ausreden dafür erfinde, dass ich durch einen Test gefallen bin, werde ich meine Ausreden mit den Fakten verwechseln und dadurch den Rest der Wahrheit nicht sehen: Ich habe nicht genug gelernt. Wenn ich unhöflich zu meiner Frau bin und sie das beanstandet, kann ich projizieren, dass meine Ehefrau »empfindlich« ist. Ich werde nur meine Überzeugung sehen, aber nicht meine Unhöflichkeit.

Während wir ignorieren, was hier ist, sind wir davon umgeben und stolpern über die tatsächlichen Gegebenheiten, die wir nicht gesehen haben. »Warum bin ich durch diesen Test gefallen?« oder »Warum hat meine Ehefrau wieder gereizt reagiert? Sie ist so empfindlich.« Wenden Abwehrmechanismen unseren Blick vom Realen ab, sehen wir nur das Irreale: die Vorstellungen in unserem Kopf. Wenn wir sehen wollen, was real ist, müssen sich unsere falschen Wahrnehmungen auflösen.

40 Karl Rahner war ein bekannter Theologe des zwanzigsten Jahrhunderts. Dieses Zitat stammt aus seinem Buch *Spirit in the World* (London: Bloomsbury Press, 1994). Für Rahner ist alles Wissen über eine Person ein Wissen über das Wesen der Welt. Und welches konzeptuelle Wissen über die Welt wir auch haben, es hat einen Horizont, jenseits dessen das nichtkonzeptuelle Vorwissen unseres Seins liegt, die Grundlage alles Wissens.

Anstatt uns dem zu stellen, was passiert, fordern wir andere auf, uns zuzustimmen, wenn wir es vermeiden, uns den Fakten zu stellen, die unseren Überzeugungen widersprechen. Wir denken: »Wenn genug von uns dieselbe Idee teilen, wird meine Überzeugung gewinnen.« Wir kämpfen um das letzte Wort, aber es ist zwecklos; wenn der letzte Atemzug über unsere sterbenden Lippen streicht, entdecken wir, dass die Realität immer das letzte Wort hat.

Wir streiten uns, anstatt zuzuhören, wenn andere anderer Meinung sind. »Verwirren Sie mich nicht mit den Fakten. Ich habe hier eine Vermutung am Laufen!« Wir denken, dass wir zuhören, wohingegen wir erwarten, urteilen und bewerten. Wir vergleichen das, was wir hören, mit dem, was wir glauben. Hören wir auf zu erwarten, zu urteilen und zu bewerten, fangen wir an zuzuhören.

Negative Befähigung

Wir gehen durch das Leben, ohne die Antworten zu kennen. Wer werden wir sein? Was denken und fühlen andere Menschen? Konfrontiert mit der Angst vor dem Unbekannten, füllen wir die Leere mit falschen Annahmen. Dieses »Wissen« ist Projektion.

Der Dichter Keats sprach von negativer Befähigung,[41] die darin besteht, mit dem auszuharren, was wir nicht wissen, bis die Erfahrung das Bisher-Nicht-Gewusste an die Oberfläche bringt. Nichtwissen ist der Brunnen, aus dem alles Wissen geschöpft wird. Und nirgendwo wird dies deutlicher als in einer Ehe.

Ein Mann äußerte sich während unserer Therapiesitzung in abwertender Weise über seine Ehefrau. Ich fragte: »Was halten Sie davon, wenn wir uns ein paar Dinge über sie ausdenken?«

Überrascht lachte er und realisierte: »Das mache ich oft.« Er projizierte so viel auf sie, dass er nicht sie, sondern seine Projektion sah.

Wir können über andere Menschen nur spekulieren, da sie per Definition unerkennbar sind. Auf die von uns geliebten Personen zu projizieren, erhellt nicht deren unbekanntes Innenleben. Doch wie die frühen Kartographen, die ihr Bild von der Neuen Welt mit mythischen Bergen, nichtexistenten Städten und Fabelwesen füllten, erschaffen wir sorgfältig ausgearbeitete Fiktionen mit

41 »Negative capability«; John Keats, *The Complete Poetical Works and Letters of John Keats*, Cambridge Edition (New York: Houghton Mifflin, 1899).

imaginären Motiven, welche vorgeben, die verborgenen Welten anderer zu repräsentieren.

Es ist schwer zuzugeben: »Ich weiß es nicht«, während wir versuchen, eine andere Person zu verstehen, und es ist so leicht, die Lücke mit unserer Fantasie zu füllen. Und da die Fantasie die unsere ist, fühlt sie sich wie eine Tatsache an. Wir denken: »Ich fühle es, es muss wahr sein.«

Wir leben umgeben vom Unbekannten. Wir *sind* das Unbekannte. Die Zukunft und der Aktienmarkt sind es auch. Wenn wir zum Beispiel die Unwägbarkeit der Börse nicht ertragen können, wenden wir uns an irrationale Optimisten oder irrationale Pessimisten, die »Bullen« und »Bären«, die uns Geschichten von Angst und Gier verkaufen und uns mit ihren Fiktionen ködern. Ihre widersprüchlichen Fantasien spiegeln lediglich unsere Ablehnung wider, Nichtwissen zu tolerieren. Gleichermaßen stellen wir Vermutungen an, wenn wir es nicht hinnehmen können, eine andere Person nicht zu verstehen.

Eine Frau mittleren Alters, die sich von anderen schikaniert fühlte, sagte: »Ich muss Ihnen sagen, dass mir nicht gefallen hat, was Sie gesagt haben. Sie waren wohl wütend auf mich. Sie wirken empathisch, aber unter der Oberfläche sind Sie es nicht. Ich hätte wissen müssen, dass Sie genauso wie die anderen sind.«

Mein Verbrechen? Ich hatte eine andere Meinung. Sie fragte sich, warum ich ihr nicht zustimmte. Da sie nicht verstehen konnte, warum ich anderer Meinung war, nahm sie an, dass ich sie verletzen wollte. Sie nutzte diese Geschichte, mit leichten Abweichungen, um jede Beziehung zu erklären, die sie gehabt hatte. Sie schrieb immer sich selbst die Tugenden zu und anderen unterstellte sie das Schlechte. Wir mögen dies als ihr Muster der Unkenntnis bezeichnen, eine Unkenntnis, die dadurch entsteht, dass sie das Unbekannte der anderen Person ignoriert und dieses mit feindlichen Absichten auffüllt. Sobald die Frau die Tatsache ignoriert hatte, dass sie meine Absichten gar nicht kannte, machte sie den zweiten Schritt: Sie füllte die Lücke mit ihren Annahmen. Sie konnte mich nicht sehen, solange sie auf ihre Überzeugungen starrte, die Hindernisse, die sie vom Lernen abhielten.

Anstatt durch Leben und Fühlen zu lernen, versuchte sie Erfahrungen mit Pseudodenken[42] zu vermeiden. Ihre Probleme hatten mit dem zu tun, was sie »wusste«. Um zu lernen, musste sie ihre Annahmen *vergessen:* die Lügen, in die sie das Leben, ihre Lieben und mich zu stopfen versuchte. Sie konnte sich damit abfinden, dass sie meine Gedanken nicht kannte, oder sie konnte mich in ihre Vorstellungen hineinzwängen. Anschließend saß sie zusammen mit

42 John Fiscalini, *Co-participant Psychoanalysis.*

einer entstellten, verzerrten Vorstellung in der Falle, mit einer Karikatur, von der sie nur das vorhersehbar Schreckliche erwarten konnte.

Wir können projizieren, um unsere Gefühle zu vermeiden, oder wir können auf unseren Therapeuten projizieren, damit er spielerisch einwilligen kann, der Ort für die Analyse unserer Probleme zu sein. Dabei muss der Therapeut auch diese negative Befähigung haben, die Kapazität, mit dem Unbekannten klarzukommen. Eines Tages kam ein schizophrener Mann herein und sagte: »Jon, ich habe Ihre Diagnose herausgefunden.«

»Oh, wirklich?«, sagte ich, »Welche ist es?«

»Satyriasis: unkontrollierter sexueller Appetit auf Frauen«, sagte er kichernd.

»Oh mein Gott, wie haben Sie das herausgefunden? Selbst mein Analytiker hat das nicht erkannt.«

In sich hineinlachend sagte er: »Oh, es ist offensichtlich.«

»Wow! Das ist peinlich. Ich dachte, dass ich das ziemlich gut versteckt habe. Denken Sie, dass es für meinen Zustand Hoffnung gibt?«

»Ja, aber es wird viel Therapie notwendig sein.«

Ich lud ihn ein, der Therapeut »meines« Problems zu sein und fragte: »Was ist Ihrer Meinung nach die Ursache?«

»Wahrscheinlich wurden Sie als Baby nicht ausreichend gestillt.«

»Denken Sie, dass das der Grund dafür ist, dass ich besessen von Brüsten bin?«

»Ja.« Er lachte und fuhr zwanzig Minuten lang fort, mein »Problem« zu analysieren, bis er sagte: »Okay, genug von Ihnen. Ich will über etwas anderes reden.«

»Alles klar, wenn Sie darauf bestehen. Worüber?«

»Ich habe Schwierigkeiten, mit Frauen zu reden.«

Anfangs brauchte er mich nicht, um zu interpretieren, dass Satyriasis *sein* Problem war; er brauchte mich als den Ort, an dem er mit seinem Problem spielen konnte, bis er es später bei sich selbst untersuchen konnte. Ich musste darauf vertrauen, dass er einen Weg finden würde, über sein Innenleben zu reflektieren, nachdem er es auf mich projiziert hatte. Genauso müssen wir darauf vertrauen, dass wir Menschen, die wir bisher noch nicht verstehen, begreifen werden, wenn wir uns dem Unbekannten stellen. Um Simone Weil zu paraphrasieren: Was wäre, wenn die Erbsünde unsere Tendenz ist, die Leere zu füllen, das Geheimnis einer anderen Person?[43]

Ohne Vertrauen und Offenheit, unfähig eine andere Person zu verstehen, stellen wir Vermutungen auf, attribuieren und projizieren. Eine Frau be-

43 Simone Weil, *Gravity and Grace.*

schwerte sich: »Ich weiß nicht, warum mein Ehemann kein neues Haus will. Er ist unsicher und macht sich zu viele Sorgen um Schulden. Er ist irrational, wenn es um Geld geht.« Sie toleriert das Geheimnis eine Sekunde lang und füllt das Unbekannte dann mit ihren Vermutungen. Die Gefahr ist, dass sie für ihre Vorstellungen aufgeschlossen sein wird, nicht für ihn.

Diese Frau dachte, dass das Unbekannte – dass ihr Ehemann nicht das wollte, was sie wollte –, eine Frage war, die einer Lösung bedurfte. Sie versuchte, die Frage mit falschen Antworten zu töten. Was, wenn Fragen keine Probleme sind?

Mit Fragen leben

Wir müssen Fragen nicht beantworten. Wir müssen die Fragen des Lebens zulassen, erleben und leben: »Was wird passieren?«, »Wer ist diese Person?«, »Was will ich?«. Voreilige Antworten verhindern die Erfahrungen des Lebens, durch die wir die Lösungen erhalten. Können wir es nicht tolerieren, durch Leben und Fühlen zu lernen, beginnen wir zu lügen, indem wir denken und das falsche Wissen unserer Vermutungen erschaffen.

Ein Mann mittleren Alters beschrieb die Vatertagskarte, die er von seiner Tochter erhalten hatte, in welcher sie schrieb: »Ich bin soooooooo glücklich, deine Tochter zu sein.«

»Das ist so ein Schwachsinn«, brachte er höhnisch hervor, »Sie will nur mit mir nach Frankreich in den Urlaub fahren, weil ich sie eingeladen habe. Sie will mich benutzen. Ich bin ihr egal.«

»Bemerken Sie, wie Sie ihre Liebesbekundung nehmen, sie in Scheiße verwandeln und sich selbst einsam machen?«

»Liebe?«, gab er barsch zurück, »Sie liebt mich nicht; sie ist ständig wütend.«

»Da Sie Ihre Liebe zurückweisen, ist es kein Wunder, dass sie wütend wird.«

»Ich habe sie gefragt: ›Warum hast du das geschrieben? Was meinst du wirklich?‹, und sie wird stinksauer.«

»Sie werfen ihr vor, Sie nicht zu lieben. Dann fordern Sie sie auf, Ihren Vorwurf zu widerlegen, sich zu verteidigen. Als sie wütend wird, beweist das für Sie Ihre Vermutung, wohingegen es tatsächlich beweist, dass es sie wütend macht, beschuldigt zu werden.«

»Habe ich kein Recht, das zu wissen?«

»Wenn Sie projizieren, wessen Aufgabe ist es dann, mit Ihren Projektionen umzugehen? Ist es ihre Aufgabe oder Ihre Aufgabe?«

Sein Kopf sank auf seine Brust: »Ich habe ihr Leben ruiniert.«

»Was fühlen Sie?«

»Ich fühle mich schlecht.«

»Was ist das für ein schlechtes Gefühl?«

»Schuld. Nichts kann mehr verändert werden.«

»An der Vergangenheit kann nichts mehr verändert werden. Alles, was Sie tun können, ist zuzugeben, was Sie getan haben, sich entschuldigen und den Schaden reparieren.« Sein Kopf sank in seine Hände, Tränen strömten ihm über die Wangen, seine Schultern zitterten.

Seine Anschuldigungen machten ihn blind für die Liebe seiner Tochter und hielten ihn in einer Fantasiewelt gefangen, die er nicht gesehen hatte, bis die Tränen ihm die Augen öffneten. Er füllte die Leere mit seinen Vermutungen und verlangte von seiner Tochter, sich für Beweggründe zu rechtfertigen, die sie nicht hatte, und für Handlungen, die sie nicht begangen hatte. Wenn sie sich mit ihm stritt, verlor sie, weil er an seinen Gedanken festhielt, und Projektionen beinhalten niemals das, was sie eigentlich ausschließen sollen.

Seine Tochter war, wie jeder Mensch, jemand, dessen Herz er niemals vollständig kennen würde. Anstatt sich mit dem abzufinden, was er nicht wusste, dachte er sich Dinge aus, schenkte diesen seine Aufmerksamkeit und sah sie nicht länger so, wie sie war. Er hörte auf die Antworten seines Verstands, um ihr nicht zuhören zu müssen, und offenbarte damit, dass er seine Gedanken mehr liebte als seine Tochter. Entscheiden wir uns für unsere Vermutungen, offenbaren wir unsere Angst vor der Wahrheit.

Wir hassen es, etwas nicht zu wissen. Da wir die Fragen des Lebens hassen, graben wir vergangene Antworten auf vergangene Fragen aus. Indes musste dieser Vater seine alten Antworten loslassen, um sich der neuen Frage öffnen zu können: Wer ist meine Tochter? Als er seine Vermutungen losließ, sie akzeptierte und ihr zuhörte, begann er zu erfahren, wer sie war.

Sie nicht zu kennen, war nicht das Problem, sondern der Weg. Nehmen wir diesen Weg und akzeptieren das Unbekannte, fühlen wir uns unbehaglich. Doch dieses Unbehagen ist eine Botschaft vom Leben, die uns dazu einlädt, einen anderen Menschen zu lieben.

Er dachte, er sollte alle Antworten haben, dabei musste er seine falschen Antworten loslassen. Danach musste er das akzeptieren und lieben, was er an seiner Tochter nicht verstand. Wenn wir dieselbe Offenheit anderen Menschen gegenüber aufrechterhalten, wenn wir aufhören, uns Dinge auszudenken, und unsere Erfahrung tolerieren, können wir sie kennenlernen.

Dieser Vater musste, wie wir alle, akzeptieren, was er fürchtete: das Unbekannte in einer anderen Person. Um sie zu lieben, musste er lernen, dass seine Tochter ein Geheimnis war, und kein Stapel von Projektionen. Der Autor Jose Saramago erinnert uns, dass »in uns etwas ist, das keinen Namen hat, dieses Etwas ist, was wir sind.«[44] Indem er seine Tochter akzeptierte – die Unsichtbare, die Unbenennbare, die Unkennbare –, lernte der Vater sie zu lieben und nicht seine Projektionen.

Wenn wir die falschen Antworten in unserem Kopf loslassen, leben wir die Fragen des Lebens. Dieser Vater musste seine Tochter aus seinem Gefängnis der Projektionen befreien. Genauso müssen wir mit unseren Fragen leben, ob sie das Leben, eine Person oder uns selbst betreffen, so wie wir einen Vogel sacht in unserer Hand halten würden: »Packen wir ihn fest, stirbt er.«[45]

Tiefes Wissen: Frühere Leben

Eine psychotische Frau mittleren Alters berichtete jede Woche aufgeregt von neuen Erkenntnissen. In einer Woche hatte sie erfahren, dass sie in einem früheren Leben Kleopatra gewesen war. In einer anderen Woche entdeckte sie, dass sie Anne Frank gewesen war. Woche für Woche beschrieb sie ihre früheren Leben; der illusorische Ruhm war zweifellos Balsam für ihre Seele nach dem qualvollen Verlust ihrer Karriere, ihrer Freundinnen und Freunde und ihrer Ehe während ihres langen Abstiegs in die Psychose.

Eines Tages kam sie mit einem Lächeln auf ihrem Gesicht herein, setzte sich hin und verkündete: »Ich war in einem früheren Leben Maria Magdalena.«

»Oh, das wusste ich schon immer«, antwortete ich.

»Woher wussten Sie das?«

»Ich habe es geliebt, als Sie mir die Füße gewaschen haben.«

Vor Schreck weiteten sich ihre Augen und sie brach in Gelächter aus.

Da sie zu viel Schmerz empfand und zu wenig Kapazität hatte, ihn zu ertragen, musste sie eine unerträgliche Realität abwehren und sich in eine erträgliche Fantasie zurückziehen. Durch das Spiel trat ich in ihre wahnhafte Welt ein, und sie fühlte sich einen Moment lang weniger allein, zusammen mit einer Person, die die Funktion ihres Wahns verstand: einen unerträglichen Verlust zu ertragen. Auf unsere unausgesprochene Art kannten wir die

44 Jose Saramago, aus seinem Roman *Blindness* (New York: Harvest Books, 1999).
45 Jean Klein, *Transmission of the Flame* (London: Third Millennium Books, 1994).

Weisheit von Sigmund Freuds Erkenntnis, dass Wahnvorstellungen versuchen, das wiederherzustellen, was verloren war und niemals zurückkehren wird.

Später, als sie an Krebs sterbend im Hospiz lag, sagte sie: »Sehen Sie, ich habe ihnen gesagt, dass die Nazis hinter mir her waren. Sie wussten, dass ich den Messias gebären würde. Deswegen haben sie mir den Krebs verpasst.« Durch meine Tränen lächelnd, gab ich meinen therapeutischen Ehrgeiz auf und akzeptierte ihre Wahnvorstellung: den Faden, der ihr jetzt einen Sinn gab; die überlebensgroße Grandiosität war der einzige Talisman, an den sie sich im Angesicht des Todes klammern konnte, abgesehen von dem anderen Haltefaden: unserer Beziehung.

Auf der Beerdigung brachten ihre Kinder ihre Dankbarkeit für meine Arbeit mit ihr zum Ausdruck: »Das muss schwer für Sie sein. Ich weiß, wie viel sie Ihnen bedeutet hat.« Damals dachte ich, dass sie ihre Trauer auf mich projiziert hatten. Tatsächlich hatte ich meine Trauer auf sie projiziert. Es *war* schwer für mich. Sie hatte ihre Wahnvorstellungen und ich hatte meine Projektion. Wir alle haben mit den Verlusten des Lebens zu kämpfen. Manchmal sind die Todesfälle des Lebens zu viel, um sie zu ertragen, und der Verstand zerbricht unter der Belastung. Wenn unsere Illusionen zerbrechen, sterben unsere Identitäten, und das, was wir sind, kommt zum Vorschein.

Loslassen

Unfähig die Verluste des Lebens zu ertragen, mögen wir uns selbst mit Wahnvorstellungen trösten. Ertragen wir aber unsere Verluste, erfahren wir immer ein Loslassen, kein absichtliches, welches wir erzwingen können, sondern eines, das sich ergibt.

Eine Frau klagte: »Meine Mutter wurde mit Krebs diagnostiziert, und die Ärztinnen und Ärzte wissen nicht, wann sie sterben wird. Es könnten ein paar Tage oder Monate sein. Sollte ich dafür sorgen, dass sie viel zu essen bekommt? Die Ärztinnen und Ärzte sagen, dass es keinen großen Unterschied machen wird. Was kann ich machen, um sie am Leben zu erhalten? Die Pflegerinnen und Pfleger sagen, dass ich loslassen muss. Muss ich sie loslassen?«

Wenn die Personen, die wir lieben, sterben, wollen wir sie am Leben erhalten, aber der Tod kommt trotzdem vorbei. Wir wissen nicht, was wir tun sollen, denn nichts hält den Tod auf.

In Büchern wird uns gesagt, dass wir loslassen sollen, indes müssen wir die Menschen, die wir lieben, nicht loslassen. Wir müssen akzeptieren, was passiert. Wenn wir uns mit dem Sterben abfinden, geschieht das Loslassen ganz natürlich. Bäume akzeptieren den Winter; Blätter fallen zu Boden.

Der Tod ist nicht darauf angewiesen, dass wir loslassen, damit unsere Lieben von uns ablassen können. Was lassen wir los? Halten wir die Hände unserer Lieben im Sarg, regt sich eine innere Bewegung. Ihr Leben, unsere Sehnsüchte nach dem, was hätte sein können – alles gleitet durch ihre Hände und unsere. Wir lassen nicht los, aber ihre kalten Finger sagen uns, dass sie es schon getan haben, und fordern uns auf, das loszulassen, was nicht länger in unseren Händen liegt. Sie haben auf den Tod gehört; können wir auf ihre Hände hören?

Was nicht war, kann jetzt nicht sein. Während unsere Lieben atmeten, hatten wir die Hoffnung auf unsere Zukunft. Als sie starben, starb auch unsere Hoffnung. Wir müssen sie nicht loslassen; sie werden für immer in unseren Herzen ruhen. Die Tränen, die wir vergießen, und die Schreie, die wir ausstoßen, erinnern uns an unsere Kapazität zu lieben, die auch nach dem Tod unserer Lieben fortbesteht.

Indem wir uns der Realität hingeben, stellen wir uns nur den Tatsachen. Unsere Verleugnung hat den Kampf gegen das, was ist, bereits verloren. Es gibt nichts, was wir tun müssen, und es gibt keine ideale Art, wie wir sein müssen. Wir sind Flüsse der Trauer mit unvorhersagbaren Verläufen, reißend, bis unser Trauern im Ozean der Akzeptanz ruht. Wir können das Wasser nicht drängeln, denn dieses Fließen der Liebe ist, wer wir sind. Während wir in unser Sein hinabfließen und in der Ruhe und Stille zur Rast kommen, realisieren wir, dass das letzte Geschenk einer oder eines geliebten Sterbenden an uns diese Einladung zur Akzeptanz ist.

6 Akzeptieren

Um zu heilen, müssen wir die Wahrheiten akzeptieren, die wir vermeiden, und die Gefühle, die sie wachrufen. Zu diesen Wahrheiten, die wir annehmen, gehören unser Innenleben (unsere Gefühle, Angst und Anspannung und die Art und Weise, wie wir sie vermeiden) und unser äußeres Leben (die Realität). In dieser akzeptierenden Umarmung entdecken wir, wer wir sind und wer wir schon immer waren, hinter den Lügen, die wir uns selbst erzählen.

Wen habe ich geheiratet?

Sich zu verlieben, ist solch ein wundervolles Abenteuer, doch innerhalb weniger Jahre passiert etwas Komisches. Unsere Partnerinnen und Partner wirken anders, enttäuschend. Warum?

In meinem Fall habe ich mich in eine Fantasie verliebt und im Laufe der Zeit hingegen meine Ehefrau kennengelernt. Was für eine Krise! Ich war enttäuscht, dass sie meinem Wunsch nicht entsprach. Ich war davon überzeugt, dass sie so sein sollte, wie ich es mir vorgestellt hatte. Niemand fragte mich: »Jon, wer hat dich zu Gott gemacht?« Infolgedessen zog sich mein Leiden (und ihres) in die Länge.

Dann realisierte ich, dass ich sie gehen lassen sollte, wenn ich sie nicht so lieben konnte, wie sie war, damit es jemand anderes tun konnte. Es war nicht ihre Aufgabe, mein Ideal zu sein. Ich sollte meinem Ideal gerecht werden, wenn ich es für so wichtig halte. Ich dachte: »Das ist auch nicht möglich.«

Ich wandte mich an das innere Scheidungsgericht und ließ mich von meinem Wunsch scheiden. Dieser schmerzhafte Prozess zog sich über Jahre hin, aber sobald ich mich von meinen Gedanken hatte scheiden lassen, konnte ich stattdessen meine Ehefrau heiraten. Bis zu einem gewissen Grad war ich mehr in meinen Wunsch verliebt als in meine Frau. Ich sah den Wert meiner Sehnsüchte, aber dies machte mich blind für ihre innere Schönheit unter den »Makeln«, wobei mit »Makeln« die Abweichungen von meinen Wünschen gemeint sind.

Viele Zeitschriftentitel lauten: »Wie man die perfekte Partnerin/der perfekte Partner ist«, »34 Möglichkeiten die Ehepartnerin/den Ehepartner sexuell zu erwecken« und »Wie man eine Ehe wieder zum Leben erweckt«. Aber kein Artikel sagt uns, dass Beziehungen sterben, wenn man versucht, sich gegenseitig zu manipulieren und den anderen in eine ideale Gefährtin oder einen idealen Gefährten oder in olympische Sexualpartnerinnen und -partner zu verwandeln. Keine Kolumne teilt uns mit, dass Ehen zugrunde gehen, wenn man seine Vorstellungen liebt anstelle seiner Partnerin oder seines Partners.

Lieben wir unsere Geschichte davon, wie unsere Partnerin oder unser Partner sein sollte, versuchen wir, ihnen das Skript zu geben. »Warum kommst du immer zu spät?«, »Du solltest nicht so viel TV schauen.«, »Warum ziehst du nicht stattdessen das hier an?«, »Du hattest genug!«. Diese Vorschriften, frei und mitfühlend angeboten, begleitet von der tiefen Erkenntnis darüber, warum sie dabei scheitern, diese zu befolgen, nehmen oft die Form von Streitigkeiten an. Unsere Partnerinnen und Partner realisieren, dass wir unsere Vorstellung wollen, nicht sie, und aus irgendeinem mysteriösen Grund werden sie wütend.

Sagen wir Dinge wie: »Du wärst glücklicher, würdest du eher aufwachen«, meinen wir tatsächlich: »Ich wäre glücklicher, wärst du nicht du selbst, sondern stattdessen so, wie ich dich haben will!«. Unsere Gefährtin oder unser Gefährte tauchen weiterhin anstelle unserer Forderung auf. Dann quengeln, jammern und klagen wir und schauen nach Büchern und Artikeln, die uns sagen, wie man in einer Ehe streitet. Was wäre, wenn wir die *Realität* bekämpfen? Wird dieser Kampf meine Fantasiepartnerin bzw. meinen Fantasiepartner erscheinen und meine reale Partnerin bzw. meinen realen Partner verschwinden lassen?

Ein Konflikt kann unsere Scheidung vom Leben inszenieren. Wir haben nie einen Kampf mit einer Person, sondern mit dem, was sie repräsentiert. Eine Frau nörgelte an ihrem Ehemann herum, weil er im Urlaub Junkfood aß. Für ihn war der Urlaub eine Zeit, um einige Kartoffelchips und Oreos zu genießen. Ihrer Meinung nach sollte er kein Junkfood mögen und es auch nicht essen.

Sie wies sich selbst die Rolle der Lebensmittelpolizei zu und belehrte ihn über die Folgen des Naschens. Oder sie warf ihm böse Blicke zu und rühmte sich mit ihrer »Selbstbeherrschung«. Ihr Kämpfen versuchte ihn verschwinden zu lassen: »Denke, fühle oder sei nicht so.« Sie war nicht länger an ihrem realen Ehemann interessiert. Ihr war daran gelegen, dass er zu ihrer Fantasie wurde: »Hör auf, der Ehemann zu sein, den ich habe, und werde zu dem Mann, den ich will. Würde er nicht zu dem Gefährten in ihren Gedanken werden, müsste sie den imaginären Zwilling loslassen, der das wollte, was sie wollte. Unfähig, den Mann zu lieben, den sie hatte, blieb sie mit der Vorstellung in ihrem Kopf verheiratet und machte ihnen beiden das Leben zur Hölle. Schließlich realisierte er, dass ihre Ehe mit dieser Vorstellung von ihm der

Beginn ihrer Scheidung war, also vollzog er die Scheidung letztendlich, indem er sie verließ.

Warum tauchen unsere Partnerin bzw. unser Partner auf und nicht unser Wunsch? Müssen wir uns von unserem Wunsch scheiden lassen? Müssen wir uns mit der Realität verloben und diese unvollkommene Person heiraten? Eine Ehe bedeutet, dass wir uns von unseren Fantasien trennen, um die Person zu akzeptieren, die wir geheiratet haben; die Person, die nie unserer Fantasie entsprechen wird.

Ist Liebe eine Projektion?

Was ist Liebe? Wir können die Liebe auf einen rein sexuellen Instinkt, Selbstinteresse oder eine positive Emotion reduzieren. Betrachten wir jedoch nur die sexuelle Anziehung als real, wird die Liebe selbst unwirklich. Wenn Liebe unwirklich ist, sind die Eigenschaften, die wir in unserem Geliebten oder in unserer Geliebten sehen, lediglich unsere Projektionen. Ist das wahr?

Entscheiden wir uns für unsere Liebsten, indem wir sie mit anderen Produkten auf Match.com vergleichen? Wenn wir die Partnersuche wie einen Markt für Partnerinnen und Partner behandeln, auf dem wir Menschen als Ware betrachten, suchen wir nach dem besten Angebot – das Paket mit den richtigen Eigenschaften – und wählen eine Person aus dem virtuellen Regal aus. Aber ein Produkt auszuwählen, ist nicht dasselbe, wie eine Person zu lieben. Die Liebe zieht uns mit dem an, was wir nicht benennen oder beschreiben, sondern nur spüren und fühlen können – das Anderssein des anderen.

Im Gegensatz dazu fehlt es der Selbstliebe an der wesentlichen, transzendenten Dimension der Liebe: die Fähigkeit, den inneren Wert einer Person zu erblicken und auf ihre innere Schönheit zu reagieren. Beispielsweise verwechselt eine narzisstische Frau ihre Selbstliebe mit der Liebe zu ihrem Ehemann. Sie wird wütend, wenn Menschen ihn beleidigen, aber nicht, weil sie ihn verletzen. Sie denkt, dass die Menschen sie verletzen, da sie ihn als eine Erweiterung ihrer selbst sieht.

Eine liebende Frau ist in ihrer Reaktion nicht voreingenommen; sie hat Mitgefühl mit dem Schmerz ihres Ehemanns. Es geht nicht um sie. Sie sieht ihren Ehemann so klar, dass sie nicht auf ihn projizieren muss. Sie muss sich nicht selbst überzeugen, ihn zu lieben, da sie gar nicht anders kann.

Ist ihre Liebe zu ihm ein Gefühl? Gefühle erscheinen und verschwinden als Reaktion auf das, was sie auslöst. Sie sind Zustände der Seele. Liebe hingegen ist beständiger. Obwohl wir Schwankungen der Liebe in uns fühlen, sind diese Schwankungen keine vorübereilenden Wolken, die am Himmel erscheinen und verschwinden, sondern die schwankenden Gezeiten eines allgegenwärtigen Meeres, Ausdrucksformen der Liebe, die wir sind.

Liebe ist kein bloßes Vergnügen, wie wir es in einem warmen Bad finden. Kein Mensch hat jemals eine Badewanne geheiratet. Wir könnten die Liebe auf ein Bedürfnis, einen Wunsch oder sexuelle Begierde reduzieren. Diese Arten der illusorischen Liebe basieren auf einer Sehnsucht in uns, nicht auf einer Reaktion auf die Schönheit des oder der Geliebten. Wenn er oder sie nur unseren Bedürfnissen dient, ist er oder sie ein Gegenstand, den wir benutzen, und keine Person, die wir lieben.

Ein Bedürfnis zu befriedigen, wie zum Beispiel ein Glas Wasser zu trinken, um unseren Durst zu stillen, vermindert unser Interesse an dem Wasser und beendet unsere Bewegung darauf zu. Die Liebe aber verstärkt unser Gefühl der Ehrfurcht und zieht uns näher an den Geliebten oder die Geliebte heran. Die Befriedigung des Appetits ist endlich, unendlich hingegen ist das Erforschen des Geheimnisses des oder der Geliebten.

Gefragt danach, warum man seine Partnerin bzw. seinen Partner liebt, wird man sprachlos. Worte wie »freundlich« oder »süß« mögen zutreffen, aber sie sind so unzureichend; die Kostbarkeit unserer Partnerin bzw. unseres Partners lässt sich nicht in unvollständigen Details erfassen.

Liebe ist unsagbar und sogar *unmachbar,* denn wenn man jemanden liebt, ist man nicht länger eine getrennte Person, die Liebe mit ihrer oder ihrem Geliebten »macht«. Stattdessen fühlt man einen Strom der Liebe; einen Strom, der in dem Moment emporquillt, in dem man aufhört, den geliebten Menschen als einen Gegenstand, ein Ding oder eine Kategorie in seinen Gedanken zu betrachten. Er ist, wie er ist, getrennt von allen eigenen Vorstellungen. Man liebt ihn, nicht eine Vorstellung davon, wie man ihn gerne hätte. Er liebt Sie, und nicht eine Vorstellung, die Sie von ihm verlangen. Er und Sie sind ein Geheimnis, das ein Geheimnis liebt. Jene, die blind für die Liebe sind, kommen nie hinter das Geheimnis, mit dem sie zusammen sind, da sie der Vorstellung nachjagen, die sie begehren.

Ein vermögender Mann kam zur Therapie, um seiner Ehefrau zu zeigen, dass er die Probleme lösen wollte, die zu seiner außerehelichen Affäre geführt hatten. Derweil log er seine Ehefrau und seine Geliebte an. Seiner Frau sagte er, dass er ihr treu sein würde, und seiner Geliebten versprach er, dass er seine Ehefrau verlassen würde. Das Problem, welches er mit in die Therapie brachte, war, dass er seine Geliebte bei Laune halten wollte, damit sie seiner Ehefrau nichts von der Affäre sagen würde. Für ihn waren Frauen Gegenstände, die man kaufen, benutzen und entsorgen konnte – jeder Mensch war eine Ware, jeder hatte seinen Preis. Ein solcher Mann konnte nichts anderes als Mittel und Zweck wahrnehmen; seine zweidimensionale Welt entbehrte Opfer, Begegnungen und Geheimnisse. Gefangen in seinen Fantasien lebte er nicht länger in der Welt. Er grenzte sich von der Realität ab. Seine Ehefrau und seine Geliebte waren Gegenstände, die er benutzte und besaß, keine Personen, die er liebte und schätzte.

Er konnte weder seiner Ehefrau noch seiner Geliebten zugestehen, so zu sein, wie sie waren. Stattdessen verlangte er von ihnen, dass sie so sein sollten, wie er sie haben wollte. Er war der Ansicht, dass seine Frau seine Treueversprechen als Ersatz für Treue hätte akzeptieren sollen und seine Geliebte sein Eheversprechen als Ersatz für eine Hochzeit. In beiden Fällen sagte er sinngemäß: »Achtet auf meine Worte, ignorierte meine Taten.«.

Er konnte diesen Frauen nicht länger als Menschen begegnen, denn für ihn, waren sie Dinge, die man benutzt. Er realisierte nicht, dass wir uns auf Fantasien beziehen, wenn wir Menschen wie Dinge behandeln. Nur wenn die Personen, die wir lieben, nicht länger Fantasien in unseren Gedanken sind, werden sie real für uns – dann beginnt die Liebe.

Die Liebe erfreut sich an der inneren Schönheit der oder des Geliebten. Diese innere Schönheit ruft uns zu, und wir antworten auf diese Tiefen, die unsere Worte niemals erfassen und auf die sie nur hinweisen können. Die innere Schönheit der oder des Geliebten ruft unsere Liebe hervor, welche ihrerseits noch mehr von dieser Schönheit hervorbringt. Wie der Theologe Dietrich von Hildebrand sagt: »Die Wertgegebenheit, die einem aufgeleuchtet ist an der anderen Person, hat unser Herz verwundet und die Liebe in ihm erzeugt.«[46]

Behandeln wir unsere Lieben als Schätze, mögen andere behaupten, dass wir blind vor Liebe seien und eine Illusion wertschätzen würden. Die Liebe erzeugt keine Illusion von Wert. Entwertung nimmt einer anderen Person ihren Wert und behandelt die daraus resultierende Illusion der Wertlosigkeit als real. Interessanterweise ist Entwertung eine entfremdete Form der Liebe, die Liebe zu Vorstellungen. Derjenige, der entwertet, will jemanden abwerten und sich *auf diese entwertete Vorstellung beziehen.* Er hängt insgeheim an dieser entstellten Form. Indem er die Vorstellung liebt, wird er unfähig, die innere Schönheit anderer zu sehen, und leidet an einer Form der spirituellen Blindheit.

---

46 Hildebrand, D. von, *Das Wesen der Liebe.* Gesammelte Werke, Band III (Regensburg: Habbel, 1971), S. 47. Viele der Ideen für diesen Beitrag stammen von Hildebrand.

Lieben wir im Gegensatz dazu unseren Geliebten oder unsere Geliebte, lieben wir keine Vorstellung in unseren Gedanken. Auch präsentieren wir kein Image, das man lieben muss. Noch sind wir davon besessen, unseren Geliebten oder unsere Geliebte dazu zu bringen, uns für unsere Liebe zu bewundern. Denn wenn wir verliebt sind, sind wir und unsere Lieben Liebe selbst. Wir reagieren auf unsere Tiefen und aus unserem Innersten heraus, nicht nur von Fassade zu Fassade.

Wenn wir lieben, stehen wir nicht im Mittelpunkt. »In wen ist der Flieder verliebt, verbreitet er seinen Duft in der Luft, in wen der Birnenbaum, wenn er sich reich mit Früchten behängt, in wen die Lerche, wenn sie neugierig ihre Lieder zwitschert?«, wie Robert Wolfe fragt.[47]

Ich bin kein *Spender* bzw. keine *Spenderin* von Liebe an jemanden außerhalb meiner selbst, der der *Empfänger* bzw. die *Empfängerin* ist. Zu sagen: »Ich will, dass du mich liebst« bedeutet: »Du bist ein Gegenstand zur Erfüllung meiner Wünsche.« Menschen als von uns getrennte Objekte zu sehen, die erobert werden müssen, ist keine Liebe, sondern Wahn.

Liebend finden wir nicht länger eine Vorstellung von mir und eine Vorstellung von dir, sondern eine Präsenz, denn die Vorstellungen verlieren sich in der Liebe, so wie sich Zuckerwürfel in Wasser auflösen. In der Liebe gibt es weder die Liebhaberin bzw. den Liebhaber noch die Geliebte bzw. den Geliebten. Was wir sind, transzendiert die Vorstellungen von dir und mir. Wir sind nicht von der Liebe getrennt; die imaginäre Trennung ist ein Gedankenartefakt. Ist Liebe eine Projektion? Nein. Entwertung schon.

Warum schreien wir vor Wut?

Ein hinduistischer Heiliger, der den Ganges besuchte, um dort ein Bad zu nehmen, fand eine Gruppe Familienangehöriger am Ufer vor, die sich anschrien. Er wandte sich an seine Schüler, lächelte und fragte: »Warum schreien sich Menschen vor Wut gegenseitig an?« Seine Schüler dachten eine Weile nach, bis einer von ihnen sagte: »Weil wir unsere Ruhe verlieren, schreien wir.«

»Warum solltest du schreien, wenn die andere Person neben dir steht?«, fragte der Heilige, »Du könntest genauso gut mit sanfter Stimme sprechen.«

---

47 Robert Wolfe, *Living Nonduality: Enlightenment Teachings of Self-Realization* (Ojai, CA: Karina Library, 2014), S. 235.

Seine Schüler boten Antworten an, aber keine war zufriedenstellend. Also erklärte er: »Wenn zwei Menschen wütend aufeinander sind, entfernen sich ihre Herzen voneinander. Um die Entfernung zu überbrücken, müssen sie schreien, um sich gegenseitig zu hören. Je wütender sie sind, desto kräftiger müssen sie schreien, um einander über die zunehmende Entfernung hinweg zu hören. Was passiert, wenn sich zwei Menschen verlieben? Sie flüstern, weil ihre Herzen so nah sind. Der Abstand zwischen ihnen ist entweder sehr klein oder nicht vorhanden.«

Der Heilige fuhr fort: »Wenn sie sich sogar noch mehr lieben, müssen sie nicht einmal sprechen. In die Augen des anderen zu schauen, ist ausreichend, wenn zwei Herzen wie eines schlagen. Wenn du streitest, sage keine Worte, die den anderen wegstoßen. Andernfalls wird der Tag kommen, an dem die Entfernung so groß ist, dass du den Rückweg nicht mehr findest.«[48]

Wir schreien niemals die Person an, sondern die Vorstellung, die wir uns von ihr gemacht haben, z.B. die Vorstellung einer Person, die uns nicht zuhören will. Tatsächlich ist mit deren Ohren alles in Ordnung. Wenn wir annehmen, dass sie uns nicht zuhören will, werden wir unsere Projektion anschreien. Wir schreien jemanden an, von dem wir *glauben*, dass er uns nicht zuhören will. Indes wollen wir nicht zuhören, denn wollten wir es, würden wir ihn nicht anschreien.

Beziehungswissen

In einer Therapiesitzung beschrieb ein Mann, wie er mit seiner Freundin Sex hatte und dabei von einer anderen Frau fantasierte. Als wir sein Problem untersuchten, fragte er sich: »Wer weiß? Vielleicht haben sie sich irgendwo schon getroffen. Das ist immer möglich.«

»Sie spekulieren über sie und erschaffen imaginäre Fantasien, die wir in Beziehung setzen sollen. Sie laden uns ein, mit Ihren Vorstellungen zu kopulieren, aber Sie sind nicht präsent hier mit mir.«

»Wie ich es auch mit ihr mache«, sagte er und bezog sich darauf, wie er mit einer Fantasiefrau in seinen Gedanken schlief, während er Sex mit seiner Freundin hatte.

48 Basierend auf einer hinduistischen Parabel, die auf vielen Internetseiten zu finden ist. Zum Beispiel: www.awakin.org/read/view.php?tid=958.

Mit seinen Spekulationen zu kopulieren, lenkte ihn von der Liebe seiner Freundin ab. Anstatt zuzulassen, dass der Akt des Liebemachens seine Mauern auflöst und dabei größere Nähe erzeugt, nutzte er seine Vorstellungskraft, um aus ihrer Umarmung auszubrechen. Er hatte Sex mit vielen Frauen, aber hatte mit keiner Liebe gemacht. Ein ewiger Wanderer im Leben und ein Tourist in der Liebe, hatte er es nie gewagt, irgendein Herz sein Zuhause zu nennen.

Wir können eine andere Person wie einen Gegenstand behandeln, den wir außerhalb von uns selbst platzieren und inspizieren. Oder wir können uns selbst für ein Geheimnis öffnen, eine Person, von der wir uns nicht länger distanzieren und die wir niemals völlig verstehen werden. Wir können die Essenz einer Person nicht in ein Ding umwandeln, über das wir nachdenken.

Ein Mensch ist kein bewegungsloses Stück Plastik, sondern ein lebendes, sich veränderndes Wesen. Lieben wir eine Person, dann gehen wir eine Beziehung ein mit derjenigen, die wir kennen, mit derjenigen, die wir kennenlernen werden, und mit derjenigen, dir wir nie kennen werden. Sie ist kein Stück Ton, das wir nach unserem Bild formen, sondern eine Person, mit der wir eine Verbundenheit eingehen.

Wenn wir uns von einer Person abgrenzen, klammern wir uns an das, was wir glauben, lassen es erstarren und behaupten: »Das ist, wer du bist!« Wir finden nicht länger die Person vor, sondern liebkosen unsere Vorstellung von ihr. Unsere Vorstellungen zu benutzen, um eine Person zu »begreifen«, ist so vergeblich, wie ein Schmetterlingsnetz zu benutzen, um den Wind zu fangen. Im Gegensatz dazu erschüttert die Liebe immer wieder die Konzepte, mit denen wir eine andere Person erfassen wollten. Die Liebe offenbart, wer diese Person jenseits unserer Vorstellungen und Überzeugungen ist. Während wir mit den Menschen, die uns am Herzen liegen, intim werden, fangen wir an, ihre Transzendenz und ihr Geheimnis zu respektieren.

Später in dieser Therapiesitzung war der Mann, der beim Sex von anderen Frauen fantasierte, während eines Moments der emotionalen Intimität mit mir zu Tränen gerührt, und er sagte: »Es ist komisch. In mir ist es wortlos, und ich weiß nicht, woher diese Tränen kommen.«

»Diese wortlose Stille sind Sie.«

»Ich habe das noch nie zuvor gefühlt.«

»Das ist die Heimat. Sie können aufhören umherzuwandern.«

»Ich fange an daran zu zweifeln, ob das real ist.«

»Die Gedanken zweifeln an der Realität, aber Sie existieren immer unter dem Geschwätz.«

Unter seinem falschen Wissen war sein wortloses Wesen verborgen. Wir saßen zusammen mit seinen wortlosen Tränen, bis er sagte: »Ich sage gar nichts.«

»Ihre Augen erzählen uns, was Ihre Lippen nicht sagen können.«

Die Tränen des Mannes offenbarten, was er unter den Worten, Vorstellungen und Etikettierungen darstellte. In seiner Offenheit fing er an zu realisieren, dass er keine dieser Vorstellungen war, sondern das Bewusstsein, welches diese wahrnahm. Die Therapie half ihm, einen Raum in sich selbst zu entdecken, den er zuvor nicht erkannt hatte.

Wie traurig ist es, wenn Verzweiflung uns für das Potential blind macht, das jedem Menschen innewohnt. Schaffen wir es nicht, uns auf das Unbekannte einzulassen, werden wir nie vom dem Potential erfahren, das in einer anderen Person steckt. Wir schaffen es nicht zu hoffen.

Eine Therapeutin in Ausbildung klagte: »Meine Lehrerinnen und Lehrer an der Schule und in unserer Klinik sagen, dass Menschen nicht von einer Behandlung profitieren können, wenn sie zu alt, zu geistesschwach, zu krank, zu gestört sind oder wenn sie Drogen und Alkohol konsumieren. Wenn ein älterer Mann mich um Hilfe bittet, soll ich ihm sagen, dass eine Therapie ihm nicht helfen kann.« Ihr wurde damit die Waffe in die Hand gegeben und sie wurde aufgefordert, abzudrücken und zur Mörderin der Hoffnung zu werden.

Therapierende können nicht im Voraus wissen, ob eine Therapie unser Leben verbessern wird. Gute Klinikerinnen und Kliniker werden nicht anhand ihrer Projektionen entscheiden, sondern anhand ihrer Exploration; sie werden mit uns reden, um herauszufinden, was wir bei uns selbst nicht sehen können.

Emily Dickson erinnert uns an die zarte Natur der Hoffnung: »Hoffnung ist dieses Ding mit Federn.«[49] Der zarte Faden, der Menschen am Leben hält, sollte niemals abgeschnitten werden. In der Psychotherapie akzeptieren wir nicht nur, was die Patientin bzw. der Patient bei sich selbst sehen kann, sondern auch, was sie noch nicht sehen kann. Auf diese Weise gewähren wir unsere Zuversicht und unsere Hoffnung als ein Darlehen.

Die Bezeichnungen alkoholabhängig, schizophren, Borderline und geistig behindert sind Kategorien und Diagnosen, aber wer sind die Menschen hinter diesen Etikettierungen? Therapierende behandeln nie eine Diagnose, sondern das gebrochene Herz, welches die Ursache ist. Vor einiger Zeit eilte ein Assistenzarzt in Panik zu einer meiner Kolleginnen und flehte sie an, eine Frau zurück ins Krankenhaus zu bringen. Die Patientin, eine Hypochonderin, hatte den Assistenzarzt in dieser Woche dreimal aufgefordert, sie zu untersuchen. Der Arzt hatte ihr gesagt, dass er sie untersuchen würde, um sicherzustellen, dass sie keinen Herzinfarkt hätte. Sie rannte weinend aus seinem Büro.

---

49 Emily Dickinson, *The Complete Poems of Emily Dickinson* (New York: Back Bay Books, 1976).

Meine Kollegin rief die Patientin an und bot ihr an, für eine Konsultation im Krankenhaus vorbeizukommen. Sie redete mit der Patientin und bemerkte einen wichtigen Fakt in ihrer Akte: Der Sohn der Patientin war ein Jahr zuvor ermordet worden. Sie sagte zu der Patientin: »Ihr Arzt hat nicht realisiert, dass Sie nicht an einem Herzinfarkt leiden, sondern an einem gebrochenen Herzen.« Die Patientin begann eine Therapie und machte schnelle Fortschritte. Ohne ihren Sohn hatte sie niemanden, dem sie ihre Liebe geben konnte, also befriedigte sie ihre »hypochondrischen« Bedürfnisse durch Freiwilligenarbeit im Krankenhaus, wo sie Bücher austeilte, den Patientinnen und Patienten vorlas und mit ihnen redete. Die Patientinnen und Patienten wurden zu ihrem Sohn, das Krankenhaus wurde zu ihrem Zuhause, bis die Therapeutin ihr dabei half, ihr gebrochenes Herz zu heilen.

Das Letzte, was wir brauchen, sind Therapierende, die uns in unserer pathologischen Überzeugung bestärken, dass wir hoffnungslos sind. Wir brauchen eine Lotsin oder einen Lotsen, die oder der uns hilft, auf eine realistische Hoffnung zuzusteuern. Denn selbst wenn die Therapierenden nicht die größten Hoffnungen anbieten können, können sie uns zumindest auf unser größtes Potential hinweisen.

Haben wir keine Hoffnung für uns selbst, werden wir von Abwehrmechanismen geblendet, die wir nicht sehen, und von Lügen, die wir nicht erkennen können. Verzweiflung, egal wie gut rationalisiert, steht für Weigerung, sich auf das Potential einzulassen, welches unter der Pathologie vergraben liegt. Die Essenz darunter zu entdecken, ist die Kunst und die Gabe des Zuhörens. Geben wir die Essenz einer anderen Person auf und vergessen sie, stirbt die Hoffnung.

Therapierende helfen uns, einen neuen Weg zu neuen Möglichkeiten zu finden. Egal wie sehr wir uns selbst begrenzen mögen, sie sehen, wie wir diese Grenzen überwinden können. Die Verzweiflung des jetzigen Moments ist nichts außer einer Momentaufnahme von uns selbst, denn der Rest dessen, wer wir sind, lebt außerhalb unserer Abwehrmechanismen. Das Vertrauen der Therapierenden in uns bedeutet, dass sie sehen, was wir nicht sehen: wer wir jenseits unserer Scheuklappen sind.

Psychotherapie hilft uns zu sehen, wer wir sind, die Weite, die außerhalb unseres Selbstbildes existiert. Befreit von unseren Illusionen bekommen wir einen flüchtigen Eindruck davon, wer wir sind und nehmen die Aufgabe an, in unsere Tiefen hineinzuzuhören.

Einsicht oder Außensicht?[50]

Beziehungswissen unterscheidet sich von kognitivem Denken. Deswegen stellen Menschen wiederholt den Wert kognitiver Einsicht in Frage. Wären diese Einsichten so hilfreich, hätten Selbsthilfebücher schon vor langer Zeit die Welt geheilt.

Wenn wir intellektuelle Erkenntnisse über Menschen haben, reden wir über sie, als ob sie Gegenstände wären. Das ist keine richtige Psychotherapie, sondern eine Störung, für die eine echte Therapie ein Heilmittel sein kann. Was ist, wenn Menschen uns einladen, diese Art der distanzierten Beziehung mit ihnen einzugehen?

Ich bemerkte, wie ein ehemaliger Gigolo sich von mir distanzierte, und fragte ihn, wie er mir gegenüber fühlte, was ihn dazu veranlasste, dieses Hindernis zu errichten. Er antwortete: »Ich weiß es nicht.«

»Zu sagen ›Ich weiß es nicht‹, ist die Art, wie Sie sich verstecken, aber dann werde ich Sie nie kennenlernen. Welche Gefühle kommen mir gegenüber auf, die dafür sorgen, dass Sie sich vor mir verstecken?«

»Ich habe keine Ahnung. Ich meine, ich könnte etwas für Sie vorschlagen.«

»Ja, und dann würden Sie zu einem psychologischen Gigolo werden. ›Vielleicht würde Jon gerne das hören oder sich darauf beziehen.‹ Dann werden wir dieselbe destruktive Gigolobeziehung haben, die Sie mit Ihrer Freundin hatten. Welche Gefühle sorgen dafür, dass Sie dieses Hindernis des psychologischen Gigolos errichten?«

»Es könnte eine Reihe von Gefühlen geben, denke ich.«

»Fällt Ihnen auf, wie Sie in die Rolle des Beobachters schlüpfen? Sie sitzen außerhalb dieser Beziehung und schauen der Interaktion zwischen mir und einem Mann zu, der Ihren Namen hat. Sie sind außerhalb dieser Therapie, beobachten sie. Das hat Sie zu einem Touristen in Ihrem Leben gemacht, der immer von draußen hereinschaut.«

Tränen traten in seine Augen.

»Welche Gefühle sorgen dafür, dass Sie sich hinter der Fassade des distanzierten Beobachters verstecken?«

»Ich denke, ich mache das oft. Ich bleibe der Beobachter, der Richter.«

Dieser Mann distanzierte sich von allen um ihn herum – sogar von sich selbst – und führte das Leben eines distanzierten Beobachters. Anstatt seine

50 Viele der Ideen, die ich in diesem Kapitel entwickelt habe, habe ich mir von Peter Wilberg entliehen, *The Therapist as Listener: Martin Heidegger and the Missing Dimension of Counseling and Psychotherapy Training* (Eastbourne, UK: New Gnosis, 2004).

Gefühle zu fühlen, hatte er sein ganzes Leben damit verbracht, sich von ihnen zu distanzieren. Er wiederholte die Einsichten, die andere ihm angeboten hatten, aber ohne Erfolg. Diese Einsichten waren »Außensichten«.

Wir beginnen eine Therapie mit verschiedenen Einsichten von Eltern, Lehrerinnen und Lehrern und Freundinnen und Freunden, Ansichten, die unsere innere Stimme übertönen können. Diese Einsichten sind keine Erkenntnisse aus unserem Inneren heraus, sondern Außensichten, Ansichten von außen. Wenn andere auf ihre Meinungen statt auf unsere Gefühle achten, hören sie von unserem Wesen weg und erschaffen Außensichten. Hören wir auf ihre Außensichten, werden wir taub für uns selbst.

Wie können wir uns selbst zuhören, damit wahre Einsicht möglich wird? Wir hören mit unseren Ohren, aber das ist nicht ausreichend. Wir müssen mit unserem ganzen Wesen zuhören. In dieser willkommenheißenden Offenheit finden wir die Wahrheit nicht heraus; wir leben sie gemeinsam, indem wir das, was wir fühlen, aushalten, ohne vorschnell zu Worten, voreiligen Formulierungen oder neuen Lügen zu greifen.

Während wir unseren Gefühlen zuhören, können wir ihre Botschaft ertragen? Indem wir unsere Gefühle aushalten, sprechen wir schließlich aus unseren Tiefen. Unsere Aufgabe könnte so zusammengefasst werden: »Höre auf das, was unter den Gedanken steckt, und höre auf das, was diejenigen, die »alles wissen«, nicht hören können.

Was ist eine therapeutische Beziehung?

Um eine Therapie zu verstehen, müssen wir fragen, mit wem Therapeutinnen und Therapeuten eine Beziehung eingehen: einer Symptomliste, einer Diagnose oder einer Persönlichkeitsstörung? Nein, Therapierende gehen mit der Person, die unter den Symptomen versteckt ist, eine Beziehung ein; es handelt sich um die Symptome, die durch die Scheidung von ihrem Innenleben verursacht werden.

Anschließend ermutigen uns die Therapierenden, die Scheidung rückgängig zu machen und unsere Gefühle zu akzeptieren. Durch die Verwendung von Abwehrmechanismen über die Jahre hinweg vergessen wir unsere Sehnsüchte und Leidenschaften. Dies ist der Preis der Selbstvernachlässigung, eine Angewohnheit, die von der folgenden Frau angewendet wurde. Sie berichtete von einem Konflikt mit ihrem Freund, sagte aber: »Ich möchte mir das nicht ansehen.«

»Sie haben ein Problem und möchten es sich nicht ansehen. Ist das die Art und Weise, auf die Sie sich selbst vernachlässigen?«, fragte ich.

»Ich glaube nicht, dass es wichtig ist.«

»Sie glauben nicht, dass *Sie* wichtig sind. Sie tun Ihr Problem und sich selbst ab.«

Eine Spur von Traurigkeit überzog ihr Gesicht. »Jetzt verstehe ich es.«

»Bemerken Sie, wie Sie mich einladen, Sie auch zu vernachlässigen? Wenn Sie Ihre Probleme ignorieren, fordern Sie mich auf, Sie zu ignorieren und sagen: ›Du bist nicht wichtig. Wir können dich abtun.‹ Warum?«

Mit Tränen in den Augen offenbarte sie: »Ich bin daran gewöhnt. Ich mache das mit Männern immer so.«

Wir vernachlässigen uns selbst und nennen es Stärke, indes ist es Selbsthass. Diese Frau lud mich ein, sie zu ignorieren und die abweisenden Beziehungen fortzuführen, die sie mit Männern hatte. Sie versuchte, ihr Wesen zu vergessen, und forderte mich auf, das Gleiche zu tun. Als ich mich weigerte, ihr Verbrechen der Selbstvernachlässigung mitzutragen, kamen ihre Gefühle zum Vorschein, und sie sprach mit einer neuen Stimme. Therapierende fokussieren nicht nur auf das, was wir sagen, sondern auch darauf, wie wir auf unsere Gefühle hören, bevor wir sprechen. Können wir unsere Gefühle ertragen, damit unser Sprechen mit dem erfüllt wird, was in uns ist? Als diese Frau den Schmerz ihrer Selbstvernachlässigung ertrug, kam ihr die Einsicht: »Ich mache das mit Männern immer so.«

Wenn wir uns selbst antun, was uns angetan wurde

Wenn wir zu einer Therapie erscheinen, bringen wir die Geschichte unseres Leidens mit – manchmal in Worten und manchmal in der Art und Weise, wie wir uns selbst behandeln. Haben uns andere in der Vergangenheit verletzt, verletzen wir uns im Heute oft auf unsichtbare Weise, wodurch wir unser Leiden in der Gegenwart fortsetzen. Die Therapierenden sehen die subtilen Arten unserer Selbstverletzungen und gehen nicht auf Fischfang in der Vergangenheit. Stattdessen zeigen sie auf, wie wir uns selbst in der Gegenwart verletzten.

In dem folgenden Auszug aus unserem ersten Treffen sagte eine Frau, dass sie von dem bewegt war, was ich ihr erzählt hatte.

»Was für Gefühle spüren Sie, während Sie sich von mir helfen lassen?«, fragte ich. »Sie sind gerade aus Ihrem Versteck gekommen.«

Sie seufzte: »Ich hatte Angst, dass ich anfangen würde zu weinen.«

»Warum nicht? Wäre es nicht besser zu weinen, als ängstlich und angespannt zu sein?«

»Ja. Es war sehr bewegend für mich. In diesem Moment dachte ich: ›Ich hatte noch nie einen Mann getroffen, der mir zuhören wollte.‹«

»Sind Sie bereit, mich Ihre Tränen hören zu lassen?«

»Ich werde nicht mehr weinen.«

Wenn Therapierende sehen, wie wir unsere Gefühle abweisen, kommentieren sie die Grausamkeit, die wir uns selbst zufügen; eine Grausamkeit, die wir selbst nicht sehen. Sie arbeiten weder mit unserer Zurückweisung zusammen, noch urteilen sie über uns. Stattdessen zeigen sie mitfühlend auf, wie wir unser Leiden verursachen.

»Wollen Sie stattdessen ängstlich und angespannt bleiben? Warum so grausam zu Ihren Tränen sein? Verdienen sie nicht auch Liebe? Wie lange müssen Ihre Tränen zurückgewiesen werden? Wann dürfen sie zurück ins Haus kommen? Es muss ihnen draußen sehr kalt werden. Wie viel länger müssen Ihre Tränen noch draußen in der Kälte leiden, bevor Sie sie wieder reinlassen? Sie müssen sich keine Sorgen machen, ob ich Sie zurückweisen werde. Wir müssen uns Sorgen darum machen, dass Sie sich selbst und Ihre Tränen zurückweisen.«

»Ich hatte diesen Gedanken, dass wir über etwas Wichtiges reden sollten, anstatt zu weinen.«

»Sie haben diesen Gedanken, dass Sie über Ihre Tränen hinwegreden und sie ignorieren sollten, aber ich weiß, dass Sie nicht hierhergekommen sind, um Ihren Schmerz zu ignorieren.«

Ihr Gesicht füllte sich mit Traurigkeit.

»Lassen Sie den Schmerz durch.«

»Ich habe Angst, dass die Tränen nie aufhören, wenn ich anfange zu weinen.«

»Wenn Sie mit dem Weinen nie anfangen, hört das Weinen nie auf. Deshalb müssen Sie die Tränen rauslassen, damit sie nicht mehr laufen und damit Ihr Schmerz ein Ende hat.«

»Vielleicht erlaube ich es mir zu weinen, aber ich unterbreche es; ich höre damit auf.«

Sie weisen sich selbst und Ihre Tränen zurück. Ist es nicht traurig, dass Sie sich selbst so zurückweisen? Warum Ihr Leiden aufrechterhalten? Warum Ihren Schmerz zurückweisen? Wann darf das traurige Mädchen zurück in Ihre Arme kommen? Lassen Sie die Tränen fließen.«

Sie schluchzte einige Minuten lang.

»Der Gedanke, den ich in diesem Moment habe, ist: ›Oh mein Gott, ich sitze hier mit einer negativen Einstellung und weine‹.«

»Und es gibt noch mehr Schmerz. Bestrafen Sie nicht sich selbst; kritisieren Sie sich nicht selbst. Lassen Sie den Schmerz herauskommen. Sie müssen ihn nicht mehr zurückhalten. Sie haben die Fähigkeit, Ihr Herz heilen zu lassen. Das ist es. Es gibt noch mehr, wo das herkommt. So viel Schmerz. So viel Leiden. Lassen Sie es raus. Deswegen sind Sie hergekommen.«

»Ich schäme mich.«

»Oh, wie traurig. Wenn Sie die größten Schmerzen haben, ohrfeigen Sie sich selbst mit Worten. Oh, bitte tun Sie sich selbst nicht so weh. Sie haben bereits zu viel gelitten. Es ist nicht an der Zeit, sich zu schämen; es ist an der Zeit, Mitgefühl für Ihren Schmerz zu haben. Dies ist nicht der richtige Zeitpunkt für Grausamkeit gegen Sie. Sie brauchen nicht noch mehr zu leiden. Wie traurig, dass Sie versucht waren, sich selbst dafür zu bestrafen, Ihren Schmerz und Ihre Traurigkeit zu offenbaren. Halten Sie sich nicht zurück.«

»Es ist immer so.«

»Sie haben sich selbst immer dafür bestraft, sich auf einen anderen Menschen einzulassen?«

»Zuerst habe ich gehört, dass ich alles hässlich mache, zu viel. Ich übertreibe. Ich erfinde Dinge.«

»Sie haben sie dafür bestraft, dass Sie Ihren Schmerz zu offenbaren.«

»Für alles. Selbst für Freude.«

»Sie wurden dafür bestraft, einfach nur emotional am Leben zu sein.«

»Mhmmm.«

»Nur zu, weinen Sie. Es ist okay, jetzt am Leben zu sein. Lassen Sie sich selbst lebendig sein. Und wer hat Sie dafür verurteilt, emotional am Leben zu sein?«

»Mutter und Vater, alle beide.«

»Haben Sie dort gelernt, sich selbst dafür zu bestrafen, dass Sie am Leben sind?

»Ja, so war es.«

Sie musste mir nicht ihre Vergangenheit der Vernachlässigung erzählen; sie tat es durch die Art und Weise, wie sie ihre Gefühle abtat und ignorierte. Zuerst musste ich ihr helfen, ihr Muster der Selbstvernachlässigung zu erkennen und fallenzulassen, damit die Trauer und der Schmerz in ihr emporkommen und sie heilen konnten. Danach konnten wir uns den Gefühlen gegenüber ihren misshandelnden Eltern stellen, insbesondere dem Ärger, den sie auf sich selbst richtete. Sie hatte ihr Bild von ihnen immer als nur gut geschützt und sich selbst als nur schlecht angesehen. Durch diese tragische

Gewalt gegen sich selbst offenbarte sie die Liebe, die sie immer für ihre Eltern empfunden hatte, aber auf Kosten ihres eigenen Wohlbefindens.

Sobald sie sich mit diesen Gefühlen auseinandergesetzt hatte, besserte sich ihre Depression zum ersten Mal. Und als sie sich von ihrer Selbstvernachlässigung löste, wuchs ihr Mitgefühl mit sich selbst; ein Mitgefühl, welches sich nicht nur auf sie selbst erstreckte, sondern auch auf ihre Eltern und insbesondere ihren Sohn. In den Tiefen ihrer Gefühle lösten sich die Urteile, Gedanken und Beleidigungen der Vergangenheit auf. Sie realisierte, dass sie größer war als die Irrtümer ihrer Eltern. Jetzt lässt sie ihre Eltern deren Probleme haben, ohne deren Probleme zu ihrem Gefängnis zu machen.

Lügen, die wir erzählen und die uns scheitern lassen

»Therapie ist Schwachsinn.« So begann ein Mann seine Konsultation mit mir. Er war dreißig Jahre lang ohne Erfolg in Therapie gewesen. Nach seinem Marathon des Scheiterns überwies ihn sein Therapeut für eine Konsultation an mich. Der Patient sagte, er sei gekommen, weil sein Therapeut ihn geschickt hatte, und fügte hinzu: »Ich bezweifle, dass Sie irgendetwas tun können.« Als wir die Gründe für den vorangegangenen Misserfolg untersuchten, sagte er, dass er die Therapie zu 99 % aufgegeben habe. Als ich ihn fragte, warum er gekommen war, sagte er: »Die Hoffnung stirbt zuletzt.« Ich fragte, wie er diese Hoffnung erlebt habe. Er sagte: »Ich tue es nicht.« Dann sagte er mir, dass Therapie und Therapierende Schwachsinn sind. Derweil meinte er: »Ich bin im Gefängnis und warte darauf zu sterben.«

Seine widersprüchlichen Aussagen begannen einen Sinn zu ergeben, als ich realisierte, dass er zwar Hilfe suchte, aber eine passive Haltung einnahm und darauf wartete, von Freundinnen und Freunden, seiner Freundin und seinen Therapierenden gerettet zu werden. Mit seiner Haltung forderte er andere auf, Hoffnung und Sehnsucht auszudrücken und Verantwortung für ihn zu übernehmen. Wenn sie es versuchten, widersetzte er sich ihnen, stritt mit ihnen und vereitelte ihre Versuche. Anstatt Hoffnung und Sehnsucht für ihn auszudrücken, musste ich ihm seinen Mangel an Hoffnung und Sehnsucht widerspiegeln. Der folgende Auszug zeigt, wie wir die Wahrheit aussprechen und sie akzeptieren können.

Er begann die Sitzung, indem er seine Verachtung für mich als einen anderen »beschissenen Therapeuten« zum Ausdruck brachte, der nichts taugen würde. Einerseits wollte er Hilfe. Da er befürchtete, dass ich ihn entwerten würde, sobald er mir vertraute, entwertete er stattdessen mich und sich selbst. So beschrieb er sich beispielsweise als hoffnungslos, hilflos, wertlos und hässlich.

Ich fragte: »Könnte das eine Form der Gewalt gegen Sie selbst sein, diese Selbstkritik?« Seine Augen füllten sich mit Tränen. »Darüber habe ich noch nie nachgedacht.«

Obwohl er sich sein Leben lang selbst angegriffen hatte, hatte er nie darüber nachgedacht, dass dies eine Form von Gewalt gegen sich selbst sein könnte. Als er das zum ersten Mal sah, war er sehr überrascht. Seine Grausamkeit gegenüber sich selbst zu erkennen, erlaubte ihm einen Sekundenbruchteil von Mitgefühl mit sich selbst.

»Diese Verachtung für mich hat nichts mit mir zu tun. Es ist nur Ihre Art mir zu zeigen, wie Sie sich selbst verachten.« Er schluchzte wieder. Nachdem er jedoch diese Trauer über die Gewalt gegen sich selbst empfunden hatte, griff er sich selbst heftig an und rechtfertigte jegliche Beleidigung. Jede Bemerkung, die ich machte, wies er als wertlos zurück.

Schließlich sagte er: »Ich möchte aufgeben.«

»Wenn Ihre Geschichte für Sie funktioniert und Sie denken, dass Sie hässlich und hilflos sind, und Sie davon überzeugt sind, sollten Sie aufgeben.«

»Eine Therapie wird mir nicht helfen, aber es gibt immer einen Hoffnungsschimmer«, sagte er unumwunden.

»Sie klingen nicht hoffnungsvoll, und Sie sehen nicht hoffnungsvoll aus.«

»Es gibt eine Hoffnung auf Hoffnung.«

»Sie scheinen überzeugt davon zu sein, recht zu haben. Wenn das so ist, ist das Beste, was Sie machen können, die Hoffnung aufzugeben und auf das Ende zu warten.«

»Klar! Wahrscheinlich, aber ich meine, es ist eine der wenigen Vergnügungen in der Stadt, deswegen gehe ich zur Psychotherapie. Was habe ich schon zu verlieren, außer Geld?«

»Sie fordern sich selbst auf, etwas zu tun, von dem Sie denken, dass es nicht helfen wird. Wozu ihr Geld verschwenden?«

»Vielleicht habe ich den falschen Therapeuten.«

»Sie können sich jederzeit umsehen.«

»Das Umsehen lohnt sich nicht. Da draußen gibt es niemanden.«

»Warum sollten Sie sich dann umsehen?«

»Es gibt etwas Hoffnung.«

»Sie klingen nicht hoffnungsvoll. Sie sehen nicht hoffnungsvoll aus.«

»Dessen bin ich mir nicht bewusst. Ich hoffe auf Hoffnung.«

»Auf eine gewisse Art ist die Therapie bereits gescheitert, schon bevor sie begonnen hat.«

»Das ist sie wahrscheinlich. Ja, klar.«

»Das ist okay. Ich kann nicht bei jedem Erfolg haben.«

»Würde es helfen, Ihre Bücher zu lesen?«

»Hier geht es ums Aufgeben. Wenn Sie bereits aufgegeben haben, wozu es noch versuchen?«

»Ich habe nicht gänzlich aufgegeben«, sagte er passiv, »Und bitte fragen Sie mich nicht, wie ich das erlebe. Ich weiß es nicht.«

»Sind Sie sicher, dass Sie nicht schon aufgegeben haben?«

»Ich bin mir zu 99 Prozent sicher, dass ich aufgegeben habe.«

»Das kann ich akzeptieren. Sie müssen gute Gründe dafür haben, dass Sie aufgegeben haben. Ich habe kein Recht, Ihnen etwas auszureden, was Sie durchdacht haben. Menschen mit bestimmten Erfahrungen realisieren, dass sie sich mit ihrem Schicksal abfinden müssen. Es mag nicht länger an der Zeit sein zu hoffen. Die Zeit der Hoffnung liegt vielleicht schon in der Vergangenheit.«

»Ich weiß nicht, worauf Sie hinauswollen. Vielleicht sagen Sie, dass es keine Hoffnung gibt und dass ich aufgeben und nicht mehr zur Therapie gehen sollte. Vielleicht sagen Sie das aber auch nicht.«

»Da Sie zu 99 Prozent aufgegeben haben.«

Er unterbrach mich: »Spielen Sie den Advocatus Diaboli?«

»Nein. Ich spiegele Ihnen nur die Realität wider. Wenn Sie zu 99 Prozent aufgegeben haben und darauf warten, dass der Therapeut die Verantwortung für Sie übernimmt, dass es Ihnen besser geht, verschwenden Sie Ihre Zeit.«

Er dachte, dass ich versuchte, ihn auszutricksen. Er realisierte nicht, wie die Lügen, die er sich erzählte, ihn seit dreißig Jahren ausgetrickst hatten.

»Ich mache das schon seit dreißig Jahren.«

»Sie machen das seit dreißig Jahren. Was auch immer Sie gemacht haben, hat nicht zu einer Veränderung geführt. Wenn Sie so weitermachen, wird nichts passieren. Sie werden etwas anders machen müssen. Wenn Sie zu 99 Prozent aufgegeben haben und auf einen Therapeuten warten, der die Verantwortung übernimmt, wird das nicht funktionieren.«

Er seufzte: »Sie sagen also, wenn ich zu 99 Prozent aufgegeben habe, bin ich schlecht beraten, eine Therapie zu machen.«

»Richtig.«

»Vielleicht sollte ich ganz aufhören. Alles, was ich brauche, um mich besser zu fühlen, sind ein paar Tabletten. Ich hatte wohl gehofft, Sie könnten mich vom Gegenteil überzeugen.«

Er hoffte darauf, dass ich mich mit seinen Lügen auseinandersetzen würde. Dann hätte der Konflikt zwischen ihm und mir bestanden. Stattdessen musste ich die Wahrheit sagen. Dann würde der Konflikt zwischen seinen Lügen und der Realität bestehen.

»Dreißig Jahre lang haben Therapierende versucht, Sie zu überzeugen. Wenn Sie zu 99 % aufgegeben haben, haben Sie gute Gründe dafür. Unter diesen Umständen wird eine Therapie nicht funktionieren. Wenn Sie darauf warten, dass die Therapierenden Ihnen Hoffnung machen, wird das nicht funktionieren.«

»Würden Sie darüber spekulieren, wie ich Hoffnung haben könnte?«

»Das können nur Sie wissen. Es muss einen Moment in Ihrem Leben gegeben haben, als Sie noch Hoffnung hatten und diese dann aufgegeben haben. Etwas muss so erdrückend gewesen sein, dass Sie sich gegen die Hoffnung gewandt haben.«

»Es ist allmählich passiert.«

»Das ist bei jedem Menschen so.«

Er setzte sich auf, also fuhr ich fort. »Ich versuche, Ihnen eine ehrliche Rückmeldung zu geben. Sie wollen nicht weitere zehn Jahre erfolglos verbringen. Eine Therapie hilft nicht jedem.«

»Was soll man tun, wenn eine Therapie nicht hilft?«

»Das ist eine Frage, mit der Sie konfrontiert sind. Vielleicht nehmen Sie Medikamente und sehen, was die Medikamente Ihnen bringen.«

»Wenn ich mein Knie reparieren lasse und regelmäßig trainiere, um Endorphine zu produzieren, kann ich mich durch das Training vom Schmerz befreien.

»Training ist gut.«

»Die andere Möglichkeit ist: Fake it, until I make it.«

»Auch das machen Menschen.«

»Man sagt, man sollte das tun, was einem Spaß macht, aber mir macht nichts Spaß. Sie sagen also, dass eine Therapie mir nicht helfen wird.«

Er ging fälschlicherweise davon aus, dass eine Therapie ihm nicht helfen würde. Tatsächlich würden ihm seine bisherigen Strategien – Aufgeben, das Einnehmen einer passiven Haltung und einer Trotzhaltung – nichts nützen. Er hatte recht. Die Lügen, die er sich selbst erzählte, würden ihm nicht helfen.

»Sie haben dreißig Jahre lang versucht aufzugeben und legen mir den Beweis vor: dreißig Jahre und keine Ergebnisse. Die Art und Weise, wie Sie eine Therapie angehen, funktioniert nicht. Wenn Sie andere Ergebnisse wollen, müssen Sie etwas anders machen. Nur Sie können wissen, was Sie anders machen können, um ein anderes Ergebnis zu erzielen. Vielleicht gibt es nichts, was Sie tun können. Nur Sie können das wissen.«

»Sie spielen mir den Ball zu. Ich bin ziemlich hilflos.«

»Wenn Sie hilflos sind, müssen wir akzeptieren, dass Sie nichts machen können. Manche Menschen sind körperlich oder psychisch verkrüppelt, und wenn das auf Sie zutrifft, müssten Sie ein verkrüppeltes Leben führen.«

»Das meinen Sie ernst, oder?«

»Richtig. Es gibt verkrüppelte Menschen. Wenn Sie eine echte Behinderung haben, werden Sie ein verkrüppeltes Leben führen. Und nochmal, das weiß ich nicht. Nur Sie können wissen, welche Veränderungen Sie machen können, wenn Sie überhaupt etwas ändern können.«

»Die eine Sache, die mir einfällt, ist es, mir einen anderen Therapeuten zu suchen.«

Er dachte, dass er den Therapeuten wechseln musste, wohingegen er die Art und Weise ändern musste, wie er die Therapie nutzte. Er dachte, er müsse die Therapie beenden, obwohl er sie doch erst *beginnen* musste. Tatsächlich hatte er dreißig Jahre lang Selbstzerstörung betrieben und es »Psychotherapie« genannt.

»Sie würden nur darauf warten, dass eine andere Therapeutin oder ein anderer Therapeut tut, was kein Therapierender zu leisten vermag. Und wie Sie gesagt haben, Sie wären hilflos und würden auf einen Therapierenden warten, der Sie rettet. Das haben Sie dreißig Jahre lang versucht. Ich verstehe nicht, warum Sie noch mehr Beweise für sich selbst brauchen.«

»Sie spielen nicht den Advocatus Diaboli?«

»Das sind die Fakten. Sie haben versucht hilflos zu sein. Und es hat Ihnen nur dabei geholfen, noch hilfloser zu sein. Warum Geld bezahlen, damit es Ihnen schlechter geht? Sie wissen bereits, wie Sie hilflos sein können. Sie müssen keinen Therapeuten bezahlen, um es Ihnen beizubringen.«

»Sie sagen, ich sollte aufgeben.«

»Sie hatten ein schmerzliches Leben und es ist sehr schmerzlich aufzugeben. Sie haben Schmerzen und Kummer wegen Ihres Selbsthasses. Andererseits wollen Sie aufgeben, Sie wollen, dass andere Menschen die Verantwortung übernehmen. Ich weise darauf hin, dass Sie viel Geld dafür bezahlen werden, dass es Ihnen schlechter geht, wenn Sie weiterhin verlangen, dass andere die Verantwortung übernehmen.«

»Vielleicht sollte ich von der Möglichkeit Gebrauch machen, zu versuchen, dass es mir besser geht.«

»Diese Möglichkeit besteht immer.«

»Wenn ich wollte, dass es mir besser geht, wäre das vielleicht möglich.« Hier bot er einen hypothetischen Wunsch an, dass es ihm besser gehen würde, als Ersatz für den wirklichen Wunsch, in der Therapie zu arbeiten.

»Möglich, aber Sie müssen das wollen. Wenn Sie es zu 1 Prozent wollen, werden Sie 1 Prozent als Ergebnis bekommen.«

»Wie kommt man in die Lage, es zu wollen?«

»Sie lassen mich wissen, dass Sie mit einem 1-Prozent-Ergebnis nicht zufrieden waren. Sie wissen, dass es Schwachsinn ist, und Sie mögen keinen Schwachsinn. Was können Sie sich in der Zeit, die in Ihrem Leben noch verbleibt, selbst geben? Die Therapie dauert nur fünfzig Minuten in der Woche, und den Rest der Zeit gibt es Sie. Der wichtigste Faktor in der Therapie ist der Patient. Der Therapeut macht nur einen winzigen Teil aus.«

»Rein hypothetisch würden Sie sagen, dass ich meine Zeit vergeude.«

»Wenn Sie es auf diese Art und Weise tun, wissen Sie bereits, dass es eine Verschwendung Ihres Geldes und Ihrer Zeit ist. Sie haben mir gesagt, dass Sie Ihre Zeit verschwendet haben. So funktioniert eine Therapie nicht. Sie gehen in einer Art und Weise an die Therapie heran, die garantiert erfolglos sein wird. Sie geben viel Geld dafür aus, die Therapie so zu gestalten, dass sie Ihnen ein schreckliches Ergebnis liefern wird.«

»Ja, klar. Okay, kann ich meinem Therapeuten sagen, dass Sie gesagt haben, dass eine Therapie Zeitverschwendung ist?«

Und wieder denkt er, dass eine Therapie Zeitverschwendung ist, wenn es doch seine selbstzerstörerischen Verhaltensweisen sind, die sein Leben vernichten.

»Sie können ihm sagen, dass eine Therapie Zeitverschwendung ist, wenn Sie sie auf diese Art und Weise gestalten: zu 99 Prozent hoffnungslos und Sie warten darauf, gerettet zu werden. Das hat keinen Sinn.«

»Sie haben gesagt, dass es hoffnungslos ist. Dass ich mein Geld verschwende. Warum?«

Auf der einen Seite wollen Sie, dass es Ihnen besser geht. Ein Teil von Ihnen will aus dem Gefängnis herauskommen, aber ein anderer Teil von Ihnen ist zufrieden mit dem Gefängnis und will dortbleiben, bis Sie sterben, und rechtfertigt das Gefängnis. Solange Sie dort zufrieden sind, werden Sie dortbleiben.«

»Was schlagen Sie vor, um aus dem Gefängnis zu kommen? Wie verändere ich, was ich will?«

»Warum sollten Sie verändern, was Sie wollen?«

»Ich will nicht so sein.«

»Vielleicht ist es nicht an der Zeit, diese Geschichte loszulassen. Sie halten daran fest, also muss es einen guten Grund geben. Warum würden Sie sich selbst dazu bringen, etwas zu wollen, was Sie nicht wollen?«

»Ich will das nicht wollen.«

Obwohl das wahr ist, hat er trotzdem die letzten dreißig Jahre damit verbracht, sich gegen die Therapie zu wehren. Wir müssen ihm dabei helfen zu sehen, dass er will, dass die Therapie funktioniert und er gleichzeitig hilflos in der Therapie sein will. Beides ist wahr.

»Wenn wir Sie heute zu 100 Prozent so akzeptieren, wie Sie sind: Sie haben aufgegeben, Sie denken nicht, dass es Hoffnung gibt. Okay. Das ist die Person, die ich gerade treffe. Können wir die Realität akzeptieren?«

»Vielleicht sitze ich im Rollstuhl, aber man weiß nie, ob es eine Heilung für die Erkrankung gibt. Vielleicht bin ich für immer im Rollstuhl, aber ich will nicht die Möglichkeit verlieren, aus dem Rollstuhl herauszukommen.«

»Wir müssen akzeptieren, dass der größte Teil von Ihnen im Rollstuhl sitzen will.«

»Ja, klar.«

»Nehmen Sie das wahr, akzeptieren Sie das, lassen Sie es so sein, ohne es ändern zu müssen, ohne es erklären zu müssen, ohne sich selbst Druck zu machen, etwas anders zu machen.«

»Ich schätze, Sie begegnen auch hoffnungslosen Fällen.«

»Ja, klar.«

»Wie groß ist der Prozentsatz?«

»Klein.«

»Sie lassen sie einfach los? Wow!«

»Ich muss die Fakten akzeptieren. Wenn Sie davon überzeugt sind, ein hoffnungsloser Fall zu sein, muss ich Ihre Einschätzung akzeptieren. Sie haben zwei Teile in Ihrer Persönlichkeit: Sie sehnen sich nach Veränderung und Sie glauben, dass Sie hoffnungslos und hilflos sind. Diese beiden Kräfte sind in Ihnen lebendig, obwohl die Hoffnungslosigkeit die Gewinnerin ist. Wir müssen akzeptieren, dass Sie sich hoffnungslos fühlen, hilflos fühlen, und das annehmen. Das sind die Fakten.«

»Ich will es nicht akzeptieren. Ich will diese Fakten nicht akzeptieren. Ich möchte mich wehren, wenn ich Sie das sagen höre.«

»Wie erleben Sie diese Gegenwehr?«

»Ich weiß es nicht. Ich habe eine gewisse Kontrolle, und wenn Sie sagen, ich sei hoffnungslos, glaube ich das nicht. Ich habe ein schmerzliches Leben hinter mir, aber ich könnte meine Hoffnung ändern, wenn ich wollte, anstatt mich umzudrehen und zu sterben. Ich würde Ihnen widersprechen. Ich bin nicht bereit aufzugeben.«

»Sie sind bereit für etwas anderes.«

»Ich bin bereit, die Gewalt zu erkennen, die ich mir selbst antue, sie zur Kenntnis zu nehmen, jedes Mal, wenn ich es wieder tue. Ich will nicht so sein, wie ich bin. Ich will etwas wollen. Und ich denke nicht, dass ich zu 99 Prozent hoffnungslos bin.« Er setzte sich aufrecht hin. »Vielleicht ist es möglich.«

»Vielleicht ist es möglich«, wiederholte ich.

»Ich muss nur die Zündflamme entzünden und den Ofen in Gang bekommen.«

»Der Ofen muss in Ihnen brennen. Sie haben darauf gewartet, dass der Ofen in anderen Menschen brennt. Das ist eine sehr große Erkenntnis, und ich habe sie selten so schön gesagt gehört. Sie warten darauf, dass jemand der Ofen ist, und dabei sind Sie der Ofen. Alles was Sie tun müssen, ist es, die Zündflamme zu entzünden.«

»Ich denke, man kann sie anzünden. Ich glaube nicht, dass der Ofen tot ist.«

»Nein. Der Ofen kann entzündet werden. Wenn Sie den Ofen nicht anzünden, dann ist er tot. Wollen Sie diese Flamme in sich entzünden?«

»Ich will, dass ich diese Flamme entzünden will.«

»Das wird nicht ausreichen.«

»Ich muss die Zündflamme entzünden.«

»Es wird nicht ausreichen, zu wollen, es zu wollen«, beharrte ich.

»Der Ofen läuft möglicherweise nicht mit voller Leistung, weil es ein alter Ofen ist, aber er kann halbwegs funktionieren.«

»Selbst ein alter Ofen kann das Haus beheizen.«

»Es ist komisch, aber Ihr düsteres Bild hat mich dazu gebracht, mich zu wehren. ›Er irrt sich!‹« Er begann zu schluchzen. Er sammelte sich und sagte: »Ich habe eine gewisse Kontrolle. Ich kann nicht einfach mit hängendem Kopf durch das Leben gehen und im Gefängnis bleiben.« Er schluchzte wieder, hielt inne und schaltete dann um. »Ich glaube, Sie haben den Advocatus Diaboli gespielt.«

»Ich habe einfach die Wahrheit gesagt, und die Wahrheit dessen, was Sie tun, ist düster.«

Er weinte. »Es ist schwer, positiv zu sein, wenn man sein ganzes Leben lang negativ war.«

»Das ist es. Und wir bemerken, dass es schwer ist, positiv in Bezug auf sich selbst zu sein. Negativ bzgl. sich selbst zu sein, war eine langsame Form des Suizids, Sie töten sich Stück für Stück. Jetzt erfahren wir, dass Sie mehr wollen.«

»Ich könnte sehr leicht umkehren.«

»Absolut. Die Wahl gibt es immer. Sie können immer den Weg des Selbsthasses wählen.«

Er machte eine Pause. »Ich habe immer eine Wahl. Ich kann mich bereit machen zu sterben oder bereit machen zu leben. Von den Worten zu den Taten ist es ein weiter Weg.«

»Ja, das ist es.«

»Und ich denke, dass Sie denken, dass es mich befreien würde, wenn ich mit meinen Gefühlen in Kontakt komme.«

Anstatt sich darauf zu konzentrieren, was in seinem Herzen war, spekulierte er darüber, was in meinen Gedanken war. Auf diese Weise vermied er es, sich den Sehnsüchten in seinem eigenen Herz zu stellen.

»Wer hatte den Gedanken?«

»Ich hatte ihn.«

»Wollen Sie mit Ihren Gefühlen in Kontakt kommen?«

»Ja.«

»Fühlen Sie sich freier?«

»Ja. Die Tatsache, dass ich überhaupt die Kontrolle übernehmen will ...«

»Das ist sehr wichtig. Sie wollen sich Ihren Gefühlen für sich selbst stellen. Für Sie fühlt es sich gefährlich an, sich einzugestehen, dass Sie einen positiven Wunsch für sich selbst haben. Also schreiben Sie ihn mir zu. Es macht Ihnen Angst, zu sagen, dass Sie freier werden wollen. Das ist sehr wichtig. Sie haben Angst vor dem Hässlichen in Ihnen, aber Sie haben noch mehr Angst vor dem Schönen in Ihnen, vor Ihrem Wunsch nach Gesundheit, vor dem, was gut in Ihnen ist, und das ist es, was Sie versuchen, mir zuzuschieben. Sie spalten die Schönheit ab, schieben sie mir zu und sehen sich dann selbst als hässlich an. Wir müssen den Wunsch nach Gesundheit zu Ihnen zurückkehren lassen, damit alles in Ihnen ist.«

Er machte eine Pause. »So habe ich das noch nie gesehen.«

»Was für Gefühle spüren Sie, wenn Sie sich das eingestehen?«

»Ich denke an ein Lied von Ray Stevens: ›Everything is Beautiful‹ [Alles ist wunderschön]. Wahrscheinlich ist das noch Zukunftsmusik.«

Seine Augen füllten sich mit Tränen.

»Sie sind sehr bewegt.«

»Das bin ich. Ich habe Bauchschmerzen und bin müde, aber ich habe die Möglichkeit einer anderen Perspektive.«

»Dass Sie den Ofen entzünden könnten. Dass Sie das Leben wählen könnten, anstatt sich umzudrehen und sich tot zu stellen.«

Er wechselte das Thema, indem er sich auf seine Freundin bezog und sagte: »Ich glaube, dieses Mädchen ist eine schreckliche Lügnerin.«

»Das könnte sein, aber ich frage mich: Während wir diese Sitzung reflektieren, wie haben Sie sich selbst angelogen? Die Lügen, die Sie sich selbst erzählen, sind wesentlich gefährlicher als alle Lügen, die sie Ihnen erzählen könnte.«

»Es ist übertrieben zu sagen, dass ich körperlich abstoßend bin. Das ist eine leichte Übertreibung. Es ist gelogen zu sagen, dass ich absolut keine Kontrolle über irgendetwas habe. Es ist eine Lüge zu sagen, dass ich keine andere Möglichkeit habe, als mich umzudrehen und mich tot zu stellen oder tot zu sein. Es ist eine Art Lüge, dass kein Mensch sich um mich kümmert. Manche tun es.«

»Wer ist die Person, die sich am wenigsten um Sie gekümmert hat?«

Er war erschrocken und verwirrt. Dann zeigte ich mit dem Finger auf ihn.

»Oh. Ich. Das wäre mir nicht in den Sinn gekommen.«

»Auf welche Weise haben Sie sich am wenigsten um sich gekümmert?«

»Indem ich mich in den Schatten zurückgezogen habe. Indem ich so ein schlechtes Image habe, aber vor allem durch das ständige Sperrfeuer: Du bist wertlos. Du bist ein hoffnungsloser Fall. Du bist nicht kompetent. Das sind die Lügen, die ich mir selbst erzähle. Wie Sie es genannt haben, gewalttätig mit mir selbst umgehen. Ich kann diese Konzepte ergreifen und nach Belieben umgestalten. Wenn ich denke, dass ich nicht kompetent bin, kann ich versuchen, in irgendeiner Weise kompetent zu sein.«

»Was fühlen Sie jetzt, wenn wir uns dem Ende der Sitzung nähern?«

»Jon, ich fühle mich viel besser. Wirklich, viel besser. Und ich habe angefangen, mich besser zu fühlen, nachdem Sie gesagt haben: ›Seien wir ehrlich. Sie sind verkrüppelt.‹ Und ich wollte mich wehren.« Er schluchzte erneut und fuhr dann fort: »Vielleicht war ich emotional befreit und trauerte. Vielleicht als Sie gesagt haben: ›Sie sind ein hoffnungsloser Fall. Es gibt psychisch Behinderte.‹ Ich hätte mich wehren können, wenn ich es gewollt hätte.« Er brach erneut in Tränen aus. »Ich könnte mich wehren.« Wieder schluchzte er.

»Sie könnten für sich, für Ihr Leben kämpfen.«

»Ja, klar. Ich weiß nicht, was in meinem Leben schiefgelaufen ist.«

»Sie haben sich selbst großes Unrecht angetan, und das können Sie wiedergutmachen. Ich weiß nicht, welches Unrecht Ihnen angetan wurde, aber Sie haben sich selbst großes Unrecht angetan und könnten das ändern.«

»Jedes Mal, wenn ich einen Gedanken habe, fast zu 100 Prozent der Zeit, werde ich an die Gewalt und das Unrecht denken, die ich mir selbst angetan habe. Vielen Dank, Jon.«

Mit diesem Durchbruch zu Trauer und Schuldgefühlen über die Art und Weise, wie er sich selbst sabotiert hatte, begann er sich gegen seine selbstzerstörerischen Abwehrmechanismen zu stellen. Er realisierte, dass er im Konflikt mit der Realität war, nicht mit mir. Er hatte nicht erkannt, dass Selbstsabotage jede Therapie zerstört und sie in Schwachsinn verkehrt.

Er sah sein elendes Leben, aber nicht, wie er es geschaffen hatte. Er glaubte, dass andere sich nicht um ihn kümmerten, indes kümmerte *er* sich nicht um sich selbst. Er glaubte, dass andere ihn anlogen, wenn er doch sich selbst belog. Er entdeckte, dass er größer war als seine Lügen.

Du wirst immer größer sein als unser Verständnis

Die Wahrheit ist ein Ozean; die Theorie eine Tasse. Wir realisieren nicht, dass diejenigen, die wir lieben, geheimnisvoll für uns bleiben werden, selbst nach Jahrzehnten mit ihnen zusammen. Unsere Lieben sind Menschen, die wir immer besser kennenlernen. Und unter unseren Überzeugungen liegt die unbekannte Person verborgen, die für Ideen undurchdringlich ist, aber in die Arme geschlossen werden und dadurch »fühlbar« werden kann. Jeder Mensch wird immer größer sein als die Theorien in unseren Köpfen.

Wir stehen nicht länger mit einer Art überlegenem »Überständnis« über anderen. Wir stehen unter einer größeren Realität, eine Position, die wahres Verstehen ist, wie uns Heidegger erinnerte.[51] Vielleicht liegt es nicht so sehr daran, dass wir tiefer in andere hineinblicken, sondern dass wir tiefer aus uns selbst heraussehen, aus dem Raum heraus, in dem Wissen entsteht.

Sich zu begegnen bedeutet, sich in die Lage einer anderen Person zu versetzen, jemandem zu begegnen, der wie wir ist, weil uns nichts Menschliches fremd ist, und gleichzeitig nicht wie wir, denn jede Person ist einzigartig. Jeder Mensch ist das Zentrum des Universums. Auch wir sind es. Es gibt viele Zentren.[52]

Eine Beziehung einzugehen heißt, die Hand zu der Person unter der Konditionierung auszustrecken. Wir öffnen uns dem Menschen, der versucht, uns zu erreichen, und den wir zu erreichen versuchen. Oder wir fordern ihn auf, sich unseren vorgefassten Meinungen anzupassen. Aber die Erfahrung zeigt uns, dass Menschen nicht auf der Welt sind, um unsere Theorien zu bestätigen, sondern um ihnen zu widersprechen. Wenn wir versuchen, andere in unsere Überzeugungen einzupassen, werden wir nie ihre Essenz finden. Solange wir unsere Vorstellungen lieben, werden wir nie die Überraschung auskosten können, den Menschen dahinter zu entdecken.

Wir können Menschen in ihre Vergangenheit und unsere Forderungen einsperren. Dann wird ihre Essenz zu der Hand, die unsere Stirn streichelt und darauf wartet, dass wir aus unserem selbstverursachten Koma erwachen. Wenn wir Glück haben, wecken uns die Differenzen mit anderen auf. Wenn wir unsere Augen öffnen, erkennen wir andere nach und nach und versuchen, sie vollständig zu begreifen. Doch, wie Heraklit sagte, »können wir die Grenzen

51 Martin Heidegger, *Being and Time* (New York: Harper, 2008).

52 Nicolas Berdyaev, *Freedom and Slavery* (New York: Scribner, 1944).

der Seele nicht entdecken, auch wenn wir alle ihre Wege ablaufen: So tief ist ihr Fundament«[53]. Keine Person ist mit dem Verstand erfassbar.

Jede und jeder von uns ist ein geheimnisvolles Bewusstsein, ohne Raum, Standort, Erinnerung oder Verlangen – eine stille Offenheit. Eine Theorie, egal wie wundervoll sie auch sein mag, ist nur ein Finger, der auf uns zeigt.

Stehen wir vor der Wahl, Menschen oder unsere Vorstellungen von ihnen in die Arme zu schließen, müssen wir uns immer für die Menschen entscheiden. Denn unser Denken wird sich auf das ausdehnen, was ist. Sind wir mit dem Verstand erfassbar? Nein, aber wir können in die Arme geschlossen werden. Das ist es, worin wir leben: in der Umarmung.

53 Heraklit, ein vorsokratischer, griechischer Philosoph.

Epilog

Ich kann es immer noch vor meinem inneren Auge sehen, wie der Wind durch das Fenster weht, die Vorhänge schwingen, die Schnüre hängen, die von winzigen Zähnen angenagte Fensterbank. Ich höre die Stimmen und Schreie der Vergangenheit. Das Fenster des Todes ist auch ein Portal zum Leben. Jede und jeder von uns ist ein Fenster, durch welches die Wahrheit weht, und jeder Windstoß ist ein weiterer Tod. Diese Offenheit, diese Bejahung: die Hingabe an das, was ist. Glaube ich an das Bewusstsein, das die Umarmung ist? Vielleicht hörte ich darin den Wind, an dem Tag, an dem mein Bruder starb. Ich lernte, dass Bewusstsein nicht das ist, was wir tun, sondern wer wir sind. Jede und jeder von uns ist ein Fenster des Bewusstseins, die Leere, in welcher die Wahrheit offenbart wird. Wir leben in und als das Geheimnis. Wir sind die Umarmung.

Danksagung

Ich möchte denjenigen danken, die frühere Entwürfe dieses Buches gelesen und kritisiert haben: Zahra Akbarzadeh, Jeremy Bartz, Isabella Bates, Steve Bates, Diane Byster, Linda Campbell, Tim Campbell, Terry DiNuzzo, Allan Gold, Kathleen Golding, Maury Joseph, Binnie Krystal-Anderson, John Lagerquist, Cindy Leavitt, Judy Maris, Tobias Nordqvist, Peter Reder, Maggie Silberstein, Joseph Sokal, Alvin Stenzel und vor allem Linda Gilbert, ohne die dieses Buch nicht zu dem geworden wäre, was es ist. Tony Rousmaniere gebührt Dank für die Anregung, dieses Buch zu schreiben. Und Dank gebührt auch Mary Holmes für die Bereitstellung eines wunderbaren Ortes zum Schreiben. Ich möchte auch Peter Fenner für unsere Gespräche danken, deren Licht dieses Buch durchdringt. Unnötig zu sagen, dass alle Mängel oder Fehler des Buches meine eigenen sind. Ich möchte auch meinen früheren Therapeuten, Supervisoren, Patienten und Lehrern danken, deren Vorbild mich in meinem Leben und meiner Arbeit immer wieder inspiriert hat.

Und schließlich muss ich dem Menschen, der mich die wahre Bedeutung des Akzeptierens gelehrt hat, meinen tiefsten Dank aussprechen, meiner Frau Kath.